쓰고쓰고쓴 *행연의 캘리그라피 엔세이*

| 만든 사람들 |

기획 실용기획부 | **진행** 김가영 박솔재 | **집필** 허수연 | **편집 디자인** studio Y | **표지 디자인** studio Y

| 책 내용 문의 |

도서 내용에 대해 궁금한 사항이 있으시면,
디지털북스 홈페이지의 게시판을 통해서 해결하실 수 있습니다.

아이생각 홈페이지 : www.ithinkbook.co.kr
디지털북스 페이스북 : www.facebook.com/ithinkbook
디지털북스 카페 : cafe.naver.com/digitalbooks1999
디지털북스 이메일 : digital@digitalbooks.co.kr
저자 페이스북 : www.facebook.com/heosuyeonatelier
저자 블로그 : www.hshu.co.kr
저자 이메일 : hshugraphy@naver.com

| 각종 문의 |

영업관련 hi@digitalbooks.co.kr
기획관련 digital@digitalbooks.co.kr
전화번호 02 447-3157~8

쓰고쓰고쓴

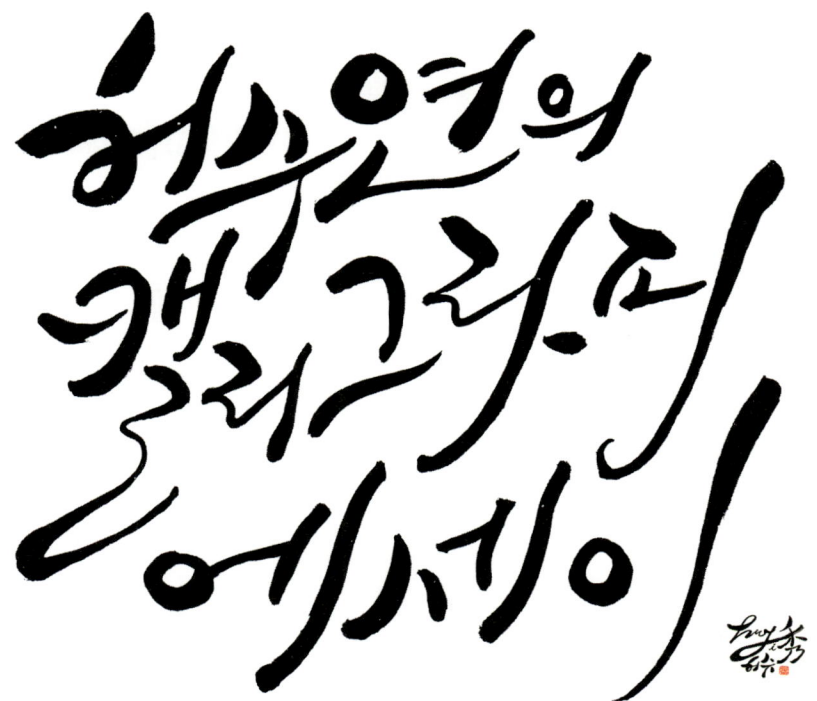

허수연의
캘리그라피
에세이

허수연 저

 아이생각

www.ithinkbook.co.kr

목 차
contents

7月 july		8月 august		9月 september		10月 october		11月 november		12月 december	
1		1	170p	1	196p	1		1	242p	1	266p
2		2		2		2	221p	2		2	269p
3		3	171p	3	199p	3	222p	3	243p	3	
4	148p	4		4	200p	4		4		4	
5		5	172p	5	201p	5	224p	5		5	
6		6		6		6		6		6	270p
7	149p	7		7	202p	7		7	244p	7	272p
8		8		8		8		8	247p	8	
9w		9	175p	9		9	226p	9	248p	9	274p
10		10		10		10		10	250p	10	
11	150p	11		11	204p	11		11		11	
12		12	176p	12	206p	12	228p	12		12	275p
13	152p	13		13	207p	13	230p	13	251p	13	
14	154p	14	178p	14	208p	14		14	252p	14	276p
15		15		15		15	231p	15		15	278p
16	157p	16	179p	16		16	232p	16	253p	16	
17	158p	17		17	209p	17		17	254p	17	280p
18		18		18	210p	18	234p	18		18	282p
19		19	180p	19		19		19		19	283p
20	159p	20	182p	20		20		20		20	
21	160p	21	184p	21		21	236p	21		21	284p
22		22	185p	22		22		22		22	285p
23	162p	23		23	212p	23		23		23	
24	164p	24	186p	24	214p	24	237p	24	256p	24	286p
25		25		25	215p	25		25		25	
26	165p	26	188p	26		26		26	258p	26	
27	166p	27	190p	27		27		27	260p	27	
28		28	192p	28		28	238p	28		28	
29		29		29		29		29	262p	29	
30		30		30	216p	30		30		30	
31		31				31				31	288p

1月

january

1일 2일 3일 4일 5일 6일 7일 8일 9일 10일 11일 12일 13일 14일 15일 16일

새해
첫날
공기부터 다르다

선택과 포기는 항상 공존한다.
포기도 또 하나의 선택이다.

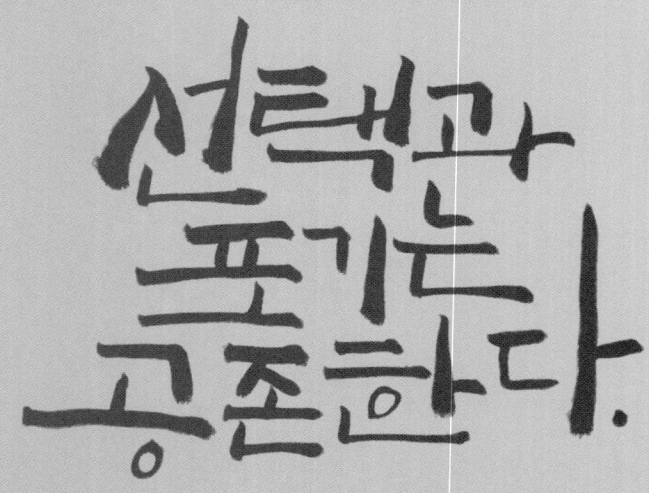

나는 그때 하고 싶은 것을 하고 싶다 말하지 못했다.

언제부턴가 삶에서 본전이라는 것이 기준이 되었다.

그것을 알게 된 다음부터 그것을 놓기 위해 노력한다.

본전생각하지말기

나 이제
립글로스
안 발라

립스틱 배끼

우리엄마도
이제
나안키워

짠하고 나타나는 거 말고,

시대에 끌려다니는 거 말고.

역사와 전통이 있는 경험의 집합의 브랜드를 키울 거다.

여기저기서 키워준다고 마세요.

우리 엄마도 이제 나 안 키워.

왜 그래야 하는지 모르겠는데 하고 싶을 땐.

그냥 하면 된다.

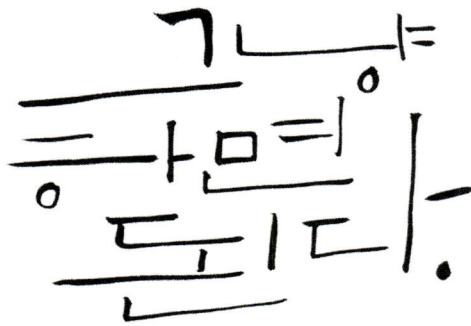

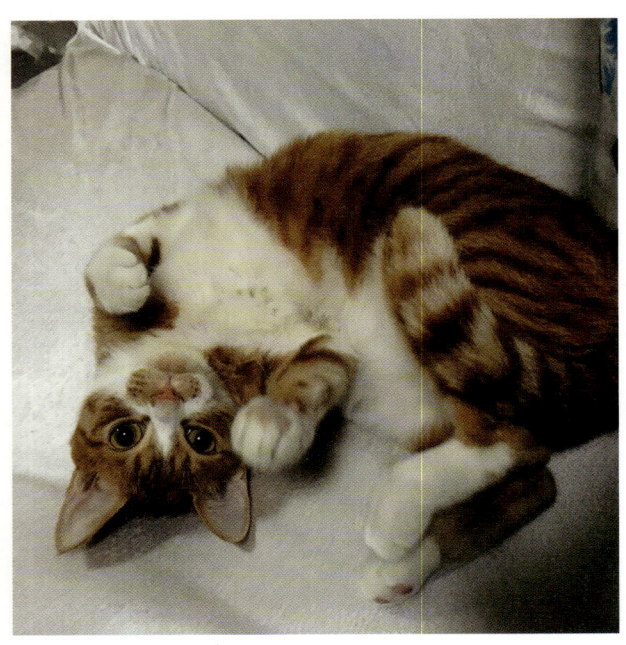

그래도 안 되면
그래도 안되면
쉬었다
뛰면 된다

그래도
나는 따뜻한

이는걸 아닌걸
씁씁다고 맞다고

없는걸 맞는걸
있다 아니라고

가질않아

그래도 나는 최소한

있는 걸 없다고, 없는 걸 있다고,

아닌 걸 맞다고, 맞는 걸 아니라고 하진 않아.

아는 게 많아질수록 말은 적어지고 글은 많아진다.

글은 말처럼 그냥 써지는 일이 별로 없다.

몇 살이니? 스무 살이요.

참 듣기 좋은 나이다.

눕지도 못하고 서서 죽는 거야

혼자 결정해야 하는 일은 무겁고 부담스러울 순 있지만, 빠르고 후회 없다.
그러나 신중해야 한다. 늪이나 함정이 되면 눕지도 못하고 서서 죽는 거야.

1월

어떤 일이든.

힘을 빼거나 리듬을 타면 잘된다.

결국 모든 일은 리듬이야 리듬.

결국,
모든일은
리듬이야
리듬

맞아,
니 맘이 맞아~

별로 어려운 것도 아닌데
이까짓 말이 그렇게 어려워진다.

틀리 달고는
못하지만
서투른짓

1회의 경험으로 100%를 예상하는 것은.

틀리다고 말할 수는 없으나 틀릴 가능성이 높은 서투른 짓.

어렸을 땐 한다고 하면 했다.

그런데 요즘은 못하는 게 아니라, '-한다고'가 잘 안되네 허허

한티고
가 잘안되네

2月

february

마음을
기억해내기조차
힘들다

2월

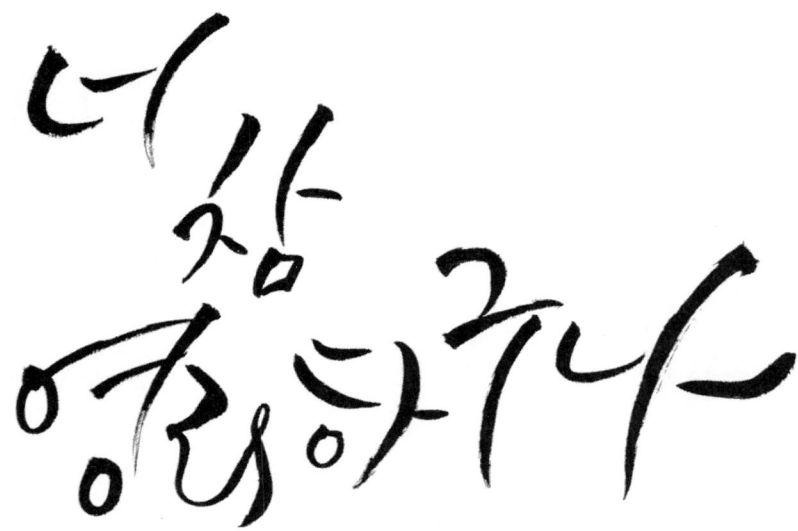

너 참 영리하구나.

나보다 훨씬 어린데 머리 굴리는 소리가 날 때 내가 하는 말이다.

영리하다고 말하면 그 녀석은 영문도 모르고 넙죽 감사하단다.

2월

초심을 기억해내기조차 힘들다

초심을 잃지 않는 것은 어렵지만, 초심을 기억하는 것은 더 어렵다.

가끔은 초심이 잘 기억나지도 않는다.

점점 초심은 기억해내기조차 힘들다.

"너무 어렵다"에서 문제 되는 것은 어렵다가 아니라 "너무"라는 점이다.

그러나, 조금 어렵거나 많이 어렵거나 뭐 어려운 건 매한가지다.

그냥 하는 거야.

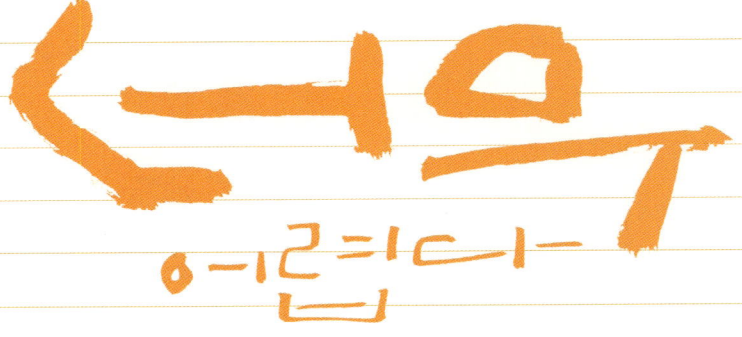

지각하는 사람에게 늦지 마라 왜 늦었냐 하지 않기로 했다.

그냥 빼고 가면 되니까.

시간 거지의 늦은 점심.

철판볶음밥보다 계란후라이가 먹고 싶어서 시킨 메뉴.

지금 이 식당에 아무도 없길 바랐다.

아무 말소리도 나지 않길 바랐다.

오직 나의 냠냠소리와 숟가락 소리만 들리길 바랐다.

소용없다.

2월 13일

팔다리가 하나씩 잘려나간 느낌이었다

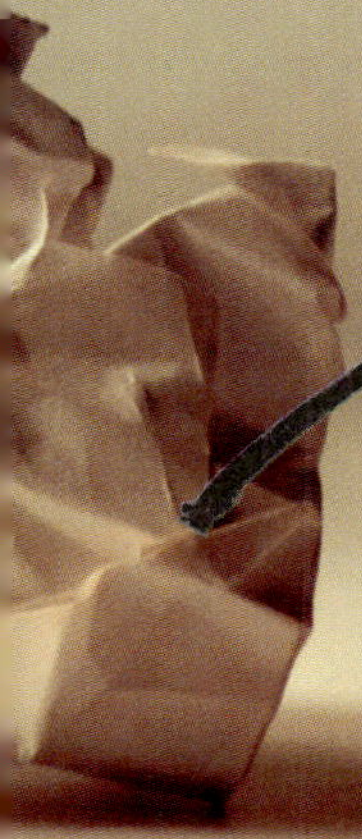

순간순간을 기록한 8개월간의 메모장을 날렸다.

팔 다리가 하나씩 잘려나간 느낌이었다.

집에 와서 축 처진 어깨로 동생에게

힘들다고 말하면 힘내라고 말하고.

쉬고 싶다 말하면 쉬어 라고 말한다.

그럼 난 "응"이라고 대답하고 드러눕는다.

그제야 비로소 집에 온 것 같다.

"응"

그제서야 비로소 집에 온것같다

화분에 심어진 꽃처럼 두 다릴 꽂고 고고하게 서 있는 날 봤다면,

날개가 클 만큼 컸는데 날아가지 않고 둥지를 지키는 날 봤다면,

고마워해라 죽도록 고마워해라. 죽어서도 고마워해.

미안한 건 됐으니, 고마워해라.

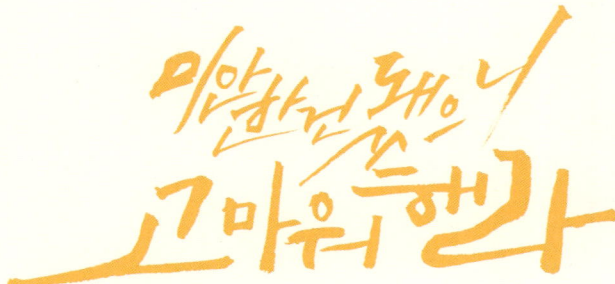

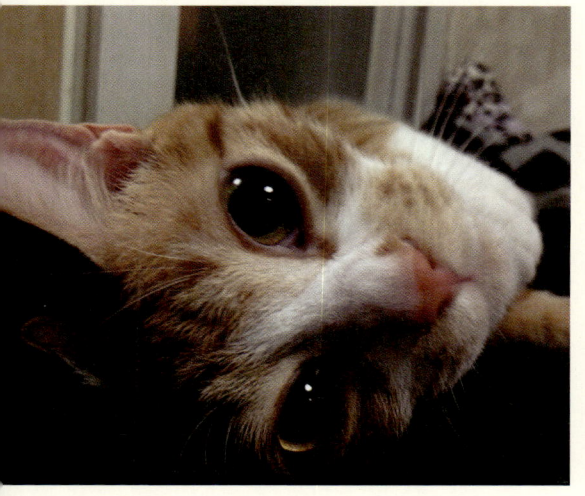

내가 말하고 있으면서도

가끔 이게 정말 내 진심인지 헷갈릴 때가 있다.

내 진심이라는 건 점점 더 알기 힘들어진다.

꺼내볼 수도 없고 말이야.

다 알아 인마

친구는 술 먹고 숨도 못 쉬고 우는 날 위해 울음을 참았다.

가끔은 내가 무슨 정신으로 이렇게 바삐 움직이는지 모르겠어서.

참 지독하다 느낄 때가 있는데, 내가 조금이라도

이상한 낌새를 보이면 어깨를 내어주던 친구

"지치고 힘들 때 내게 기대, 언제나 네 곁에 서있을게"라고

'촛불하나'를 열심히 불러주던 친구.

내가 왜 모르겠냐 다 알아 인마

"누가 날 도와줬어, 나 혼자 했잖아"

"네가 뭘 안다고 떠들어" 같은 마음이 아주 가끔 생길 때

무섭다고 느끼는 동시에 내 상태가 위험하다는 걸 감지한다.

진짜 하고 싶은 말을 못하니까 겉으로 빙빙 둘러서 뻔하고

쓸데없는 말이 되거나 같은 말이 반복되는 상황을 겪게 된다.

가끔은 정곡을 찔러 물어봐 줬으면 좋겠는데 아무도 쉽게 눈치채지 못한다.

이것은 때론 비참하다.

재미있던 것이 별 재미가 없어지고 맛이 없던 것이 맛있어지고

좋아하던 것이 싫어지고 뭐 그렇다.

단순히 나이를 먹었다는 말로 풀이하고 싶진 않으나

내 친구는 그럴 때 시집을 가야 한다고 했다.

찾고 싶고 만지고 싶고 바라보고 싶고 하던 것이

쳐다보기도 싫어 난다면 싫어진 걸까, 더 좋아지려고 하는 걸까.

가벼이 보지 않았던 것이가 때문에 내 마음아 쉽게 받하는 것이 대단히 거북하다.

모든 건 순간적이구나, 이제야 할겠네.

이제야
일겠네

3月

---

march

주인공,
깨어있는가

3월 2일

쉽게 동요되지 않는다.

쉽게 화내지 않는다.

쉽게 즐겁지 않다.

쉽게 사랑하지 않는다.

쉽지 않다.

결국 모든것이
쉽지않다.

모두가 하나같이 쉽게 가려한다.

떠먹여야 먹고, 예쁘다 해야 쳐다보고……

쉽고 빠르고 멋없는.

그렇게까지 해야 되나 싶은 일이라도.

안 하는 것보다 하는 게 더 마음 편할 때가 있다.

그래서 하는 것도 있다.

미래의 신랑에게
미리 말해 놓아야한다.
살림은 잘 못합니다.
돈 많이 벌어올게요 여보.

욕을 먹는 게 나아.

아무것도 안 하는 것보단.

기분이 왜 이러냐. 뭐 잘못했어? 아니잖아······.

라고 스스로에게 말을 걸 때가 있는데.

분명 뭔가 잘못했을 거다.

생각해내고 싶지 않을 뿐.

분명, 뭔가, 잘못했을거다

3월

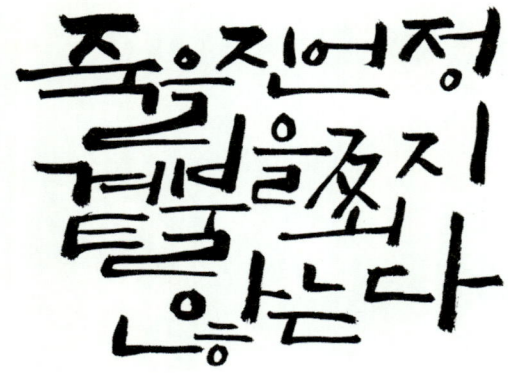

진정한 무사는 얼어 죽을지언정 곁불을 쬐지 않는다는 말이 있다.

무겁고 무겁고 또 무거운 말이지만, 난 이 말을 좋아한다.

나는 가만히 놔두면 잘 산다.

내가 그런 게 아닌데, 내 탓이 아닌데 내가 받아야 하는 고통이 올 때

모두를 원망하고 싶을 때가 있다.

나는 약속을 최선으로 다하지 않았다

살아온 삶을 뒤저보니, 최선을 다한 순간이 많지 않았다.
아직 최선을 다하지 않았으니 최선을 다하면 얼마나 대단한 일이 일어날까.
이런 상상이 다행이면서도 무섭다.

3월

3월 20일

버리는 것도 포기하는 것도 아주 쉬워졌다.

놓치지 않겠다고 이를 악 무는 일도 별로 없다.

믿는 구석이 있어서가 아니라 억지로가 잘 안되는 거다.

억지로 하려면 그만한 이유가 반드시 있어야 했다.

다행인 건, 하고 싶어서가 이유가 되어 주기도 했다. 하고 싶어서 :)

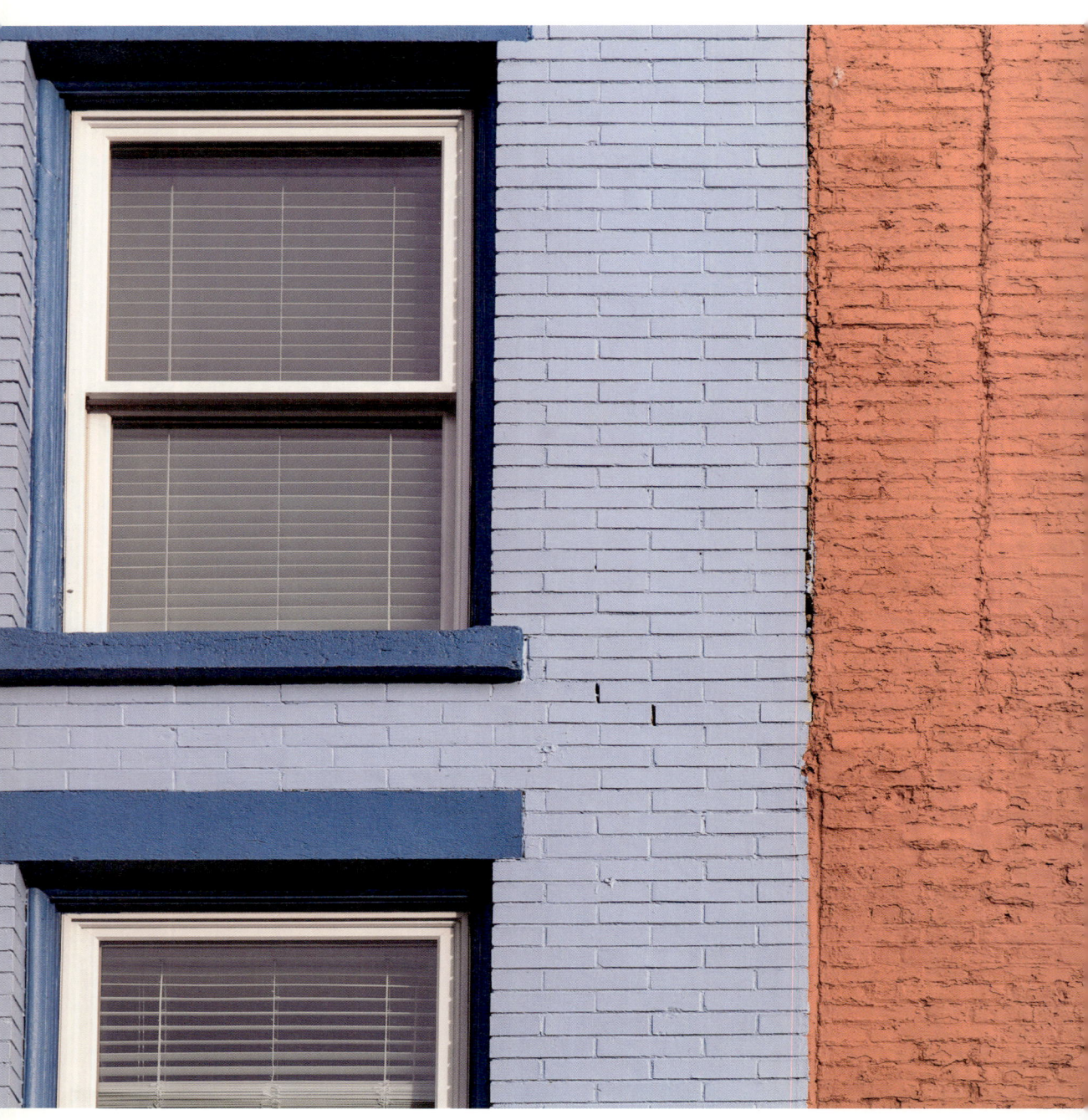

어떤 기로에 섰을 때, 나를 통제하는 한 가지가 있다.

"양아치가 될 순 없잖아"

오늘도 샤워하다 이 말이 튀어나왔다.

그게 언제부턴가 약간의 기준이 되어 있었다.

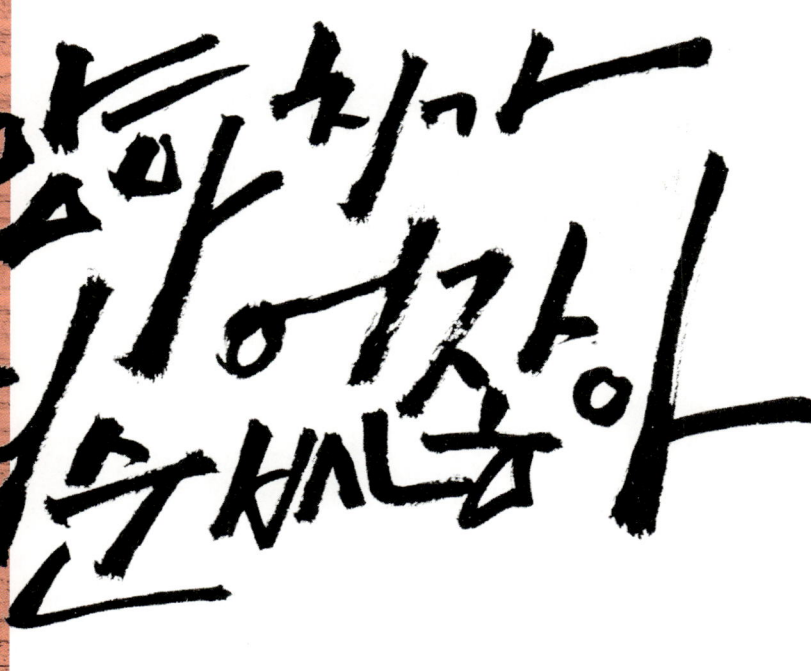

가끔 "뭐야 귀여운 척 하지마~"라는 얘기를 들을 때 나는 말한다.

"귀여운 척 안했는데 귀여웠나보지? 홋."

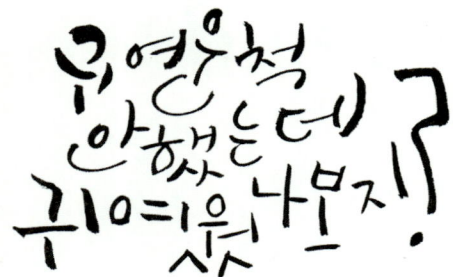

생활과 일이 하나 되는 삶.

나는 생활과 일이 하나 되어 삶을 이어가고 싶다는 게 목표였다.

비슷하게 되니, 다시 분리되면 좋겠다. 맨날 일하는 느낌이거나, 맨날 노는 느낌이다.

3월 27일

캘리그라피 에세이 [쓰고 쓰고 쓴]

결국 잘 타길 바라는 장작이 될 것이라는 걸

열매를 맺길 바랐다. 그래서 나무를 심었다.

절대 쓰러지지 않기 위해 뿌리를 더 단단히 내렸다.

결국 잘 타길 바라는 장작이 될 것이라는 것을 나는 이미 알고 있다.

살다보면,
그게참어렵키네요

살다보면 견고한 내구성을 갖고 있는 게 얼마나 중요한지 알게 되지요.

가끔 힘없이 펄럭이는 나를 볼 때 펄럭이느니

강철처럼 구부러지거나 잘라져버려라 하는 사람이어서 그런지,

그 견고함 안에서 유연함을 찾는 것이 참 어렵네요.

"주인공, 깨어있는가"

나의 욕망이 타인의 욕망이 되는 당연하지만 어리석은 싸움.

절대적인 건 없다고 했지만.

피할 수 없는 절대적이고 직접적인 것이 간접적으로 스칠 때 쓰리다.

모든 것을 그만두거나 헤어지는 순간에 성숙도가 보인다 했던가.

성숙한 줄로만 알고 있던 나의 미성숙은 아차 하는 순간에 마주쳐 나를 가리고 가두게 한다.

더 옹졸해라. 더 억울하고 더 답답해라. 에라이—

4月

april

우리서로
너무많이
이해하지
말자.

그거 쉬운 일 아니야.

어쩌려고 그래….

라고 말리는 말에,

쉬우면 벌써 했을 거야.

라고 말하고, 하기로 했다.

결국 하는 거다.

쉬우면 벌써 다 했은거시

~ 해야겠다도 싫고, ~ 가야겠다도 싫다.

아직 확정되지 않은 미래형은 이제 싫다.

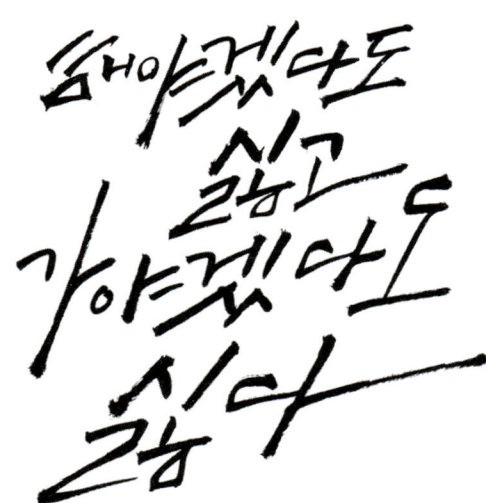

오늘따라 좀 이상하게 느껴진다

사람들이 자꾸 내가 말하면 메모를 한다.
이게 오늘따라 좀 이상하게 느껴진다.
누군가의 선생님이 된 후로, 그럴 때가 있다.

해달라고 안 했는데 해준 것 같으면

'와주고, 놀아주고, 먹어주고'는 '오고, 놀고, 먹고'와 다르다.

해달라고 안 했는데 해 준 것 같으면

내가 가지면 안 되는데 가진 것 같아서 싫다.

엄청났던 일들도 지나고 보면 모두 견뎠고,

결국 별일 아닌 게 되어 버렸다.

날씨 한번 오지다.

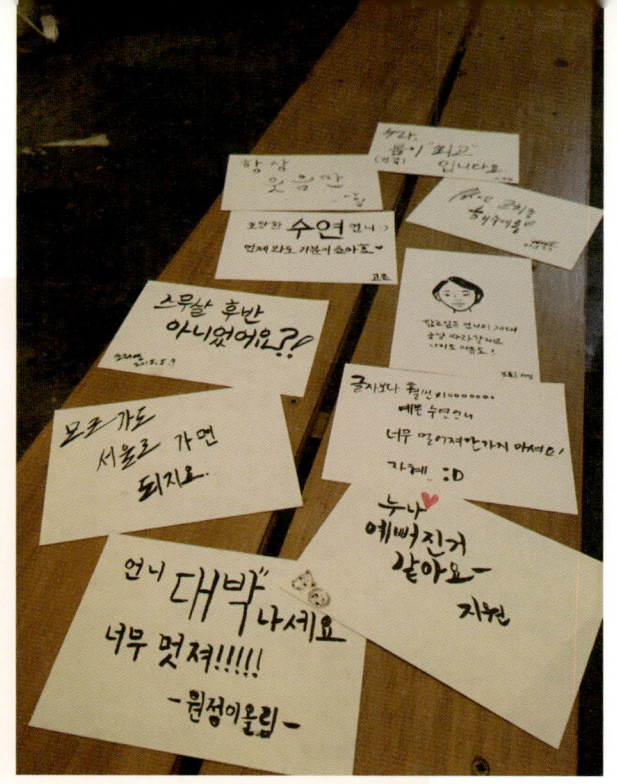

잘견뎠다 나와우리가

글씨 써주기만 하다가 받아보니.

말로 할 수 없을 만큼 기분이 묘하다.

감동 그런 걸로 표현이 안되는 이 멋쩍은 멋있음이

내 일상에 있다는 것이 고마운 오늘.

잘 견뎠다. 예쁘다. 나와 우리가.

"되게 좋아 보이시네요!"
많은 것을 포기했더니. 편안해졌습니다.

많은것을포기했더니
편안해
졌습니다.

정신을차렸더니
내일이
오늘이다

정신을 차려보니 내일이 오늘이 되었다.

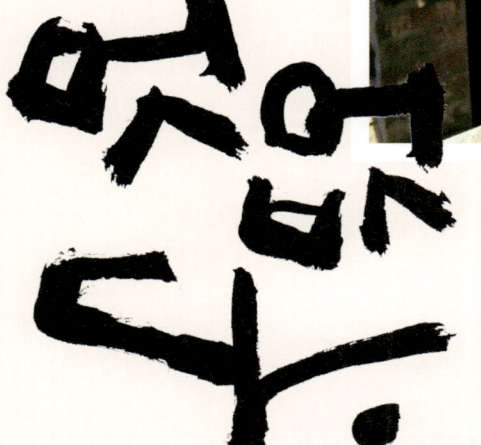

멋있다고 했더니 스스로 멋있는 줄 알고

멋있는 척을 하려는 것을 본 순간.

멋없다.

상황에 따라 나쁜 짓을 할 수도 있다.

그러나 절대 해서는 안 되는 종류의 나쁜 짓이 있고, 시간이 지난다 하더라도

그것이 "나쁘다"는 사실은 바뀌지 않는다.

변하는 것이 세상에 파리 같이 많아도, 절대 바뀌면 안 되는 것들이 있다.

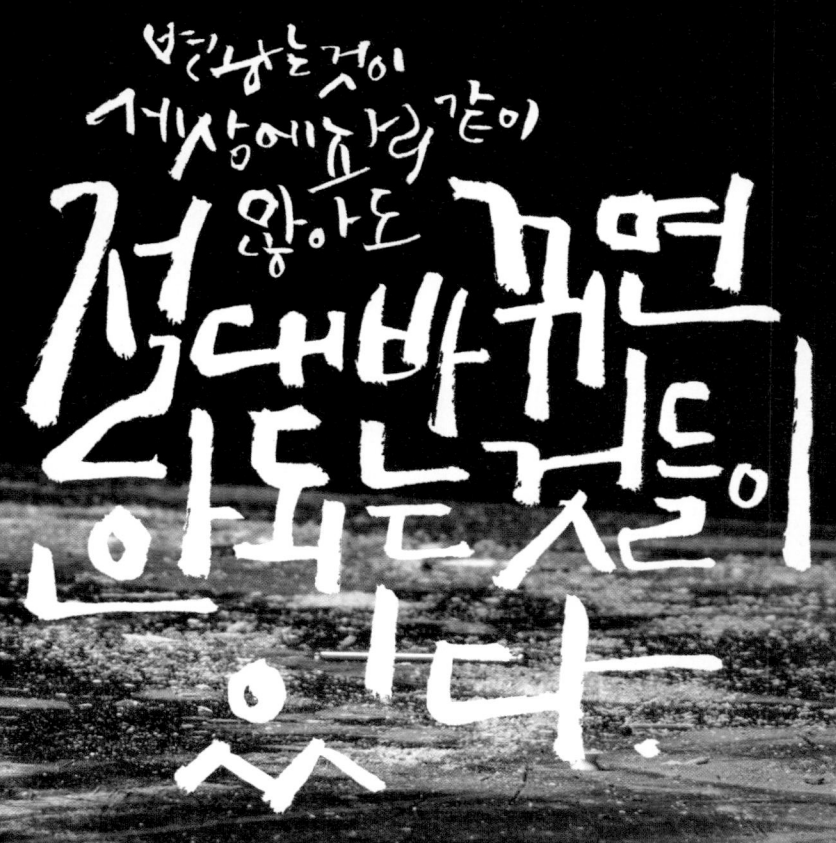

내가 너를 응원한다

좋아한다고 말하고 싶을 때

눈빛이 먼저 말할 때

감추려 해도 감추어지지 않을 때

굳이 감추고 싶지 않아질 때

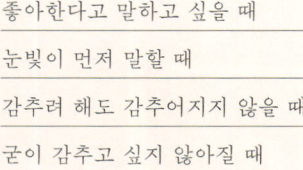

좋아한다고
말하고 싶은데
눈빛이 먼저말할때

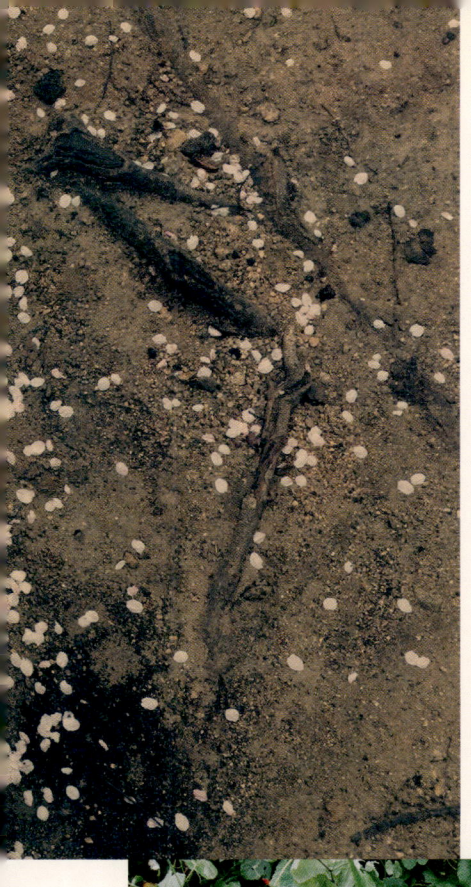

나는 나를 온전하게 응원할 수 있는 사람은

나뿐이라고 생각하는 사람이라

나를 응원하는 '나'의 힘이 떨어질 때마다

거꾸로 나를 응원하는 '나'를 다시 응원하기도 한다.

오늘이 그렇다.

우리 서로 너무 많이 이해하진 말자고 말하고 싶었다.

나는 뭘 이렇게 열심히 할까. 라는 생각이 가끔 드는데

딱히 요즘은 뭐 거창한 목표가 있어서 열심히 하는 것 같지는 않다.

그냥 저절로 열심히가 내 몸처럼 되어 있거나 알고 보면 최선을 다한 열심히가 아닐지도 모른다.

우리는 섬이야

외롭지

버스 기사 아저씨의 퉁명스런 말 한마디에도 놀라
하루 종일 마음이 편치 않을 때가 있었는데,
이젠 별일도 별일이 아니고. 별에 별일도 별일이 아니다.
왠지 넓어지는 느낌보다는 시커멓게 변해가는 느낌이다.

별일도 별일이
아니고
별에 별일도
별일이 아니다

4월

5月
may

오라도
하는 수없고

항상 관심 가는 친구는 좋은 친구지만

항상 신경 쓰이는 친구는 그와 다른 것 같다.

반대로 신경이 쓰이지 않는 친구는

좋은 친구, 좋지 않은 친구도 아닌

그냥 친구가 아닐 수도 있다.

난...
친구가
아닐 수도
있다.

사람은
살아야지
라는 말처럼
우선은
말이 없나

산 사람은 살아야지, 라는 말처럼 무서운 말이 어디 있냐.
그렇게 매정한 말이 어디 있냐.

이제 외워야 될 일이 거의 없다

예전엔 외우는 걸 참 잘했었다.

국사 시험 볼 때 어느 페이지에 어느 부분에 쓰여 있는지까지 책 그대로 떠올라서 그렇게 시험을 볼 때도 있었다.

하지만 그 외움은 활용이 끝나면 잊어버렸다. 목적을 다했으니.

남는 게 거의 없었다. 요즘은 외우는 것이 힘들뿐더러 외울 일도 별로 없다.

외워서 하는 일은 소화가 되지 않아서인지 어김없이 브레이크가 걸렸다.

모두 소화하거나 오래 봐서 체화되거나일 뿐 이젠 외워서 될 일이 거의 없다.

해냈다.

나는 그 순간 내 인생

가장 힘든 일을 해냈다.

말과 행동이 같고, 겉과 속이 같은,

다르다면 타당한 이유가 있는 사람들이.

정치를 했으면 좋겠다.

일을 하다보면, '오늘까지/내일까지'라는 말이 호랑이보다 더 무섭다.
이 책을 쓰는 지금 이 순간에도.

5월

그모든것이 이미 정해져있을때

아무도 만나기 싫은데 혼자 있기도 싫을 때

아무 생각도 하기 싫은데 잠은 안 올 때

해가 지지 않았으면 좋겠는데 밤은 올 때

기적을 믿지 않으면서 기적을 바랄 때

그 모든 것이 이미 정해져 있을 때

모른다고 해서 다 설명해 줄 수도 없고.

그럴 필요도 없고 언젠가 다 알게 될 텐데. 결국 몰라도 하는 수 없고.

미친 듯이 뛰었는데 버스 떠날 때
미친 듯이 뛰었는데 신호등 바뀔 때
미친 듯이 뛰었는데 1분 지각일 때
진짜 미쳐버릴 것 같다.

살면서
쌓이는
건은 눈치뿐

네, 저는 아무리 갖고 싶은 게 있어도 도를 넘은 아첨으로는 얻지 않습니다.

아예 내가 만들거나 포기하고 맙니다. 바라지도 마십시오.

잘하고 있고 멋있고 놀랍고

믿음직스러워도 가끔

말로 할 수 없는 고독이 밀려오면.

힘들다는 말 따위로 표현이 되지

않는 걸 알면서 결국

겨우 "나는 힘들지 않습니다."라는

얕은 주문과 최면으로

스스로를 달랜다.

어쩔 수 없지 않느냐

이렇게 될 줄 몰랐지.

힘들어도 좀 참아라.

아무 전제 조건 없이 이렇게 말하는 사람을
저는 신뢰하지 않습니다.

저는
시뢰하지
않습

어쩔수 없지않느냐
이렇게 될줄 몰랐지
힘들어도 참아라

이런 어려움에 대한 책임을 한조각 갖고 살기로 했습니다.

언젠가 내게 주어진 아주 커다란 구덩이를

용케도 빠져나와 지금은 그 밑을 바라보고 있어요.

혼자 넋 놓고 앉아 '참 오래 살고 볼일이야'를

한없이 읊조리던 때가 요즘은 참 많습니다.

주변을 돌아볼 틈도, 도닥일 틈도,

기댈 용기도 없었던 바삭하고 차가운 나의 그 시간.

비로소 그 끝에 서 보니 이러쿵저러쿵 사건들이

사연으로 변해서 쓴웃음 짓게 해 주었습니다.

이런 어려움에 대한 책임을

한 조각 갖고 살기로 했습니다.

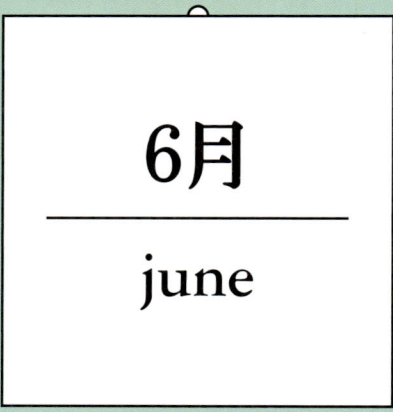

6月

_____

june

밀물과 썰물이
계속이어도
바다는 없어지진 않아

16일 17일 18일 19일 20일 21일 22일 23일 24일 25일 26일 27일 28일 29일 30일

네, 죽으라는 법은 없으니까요.

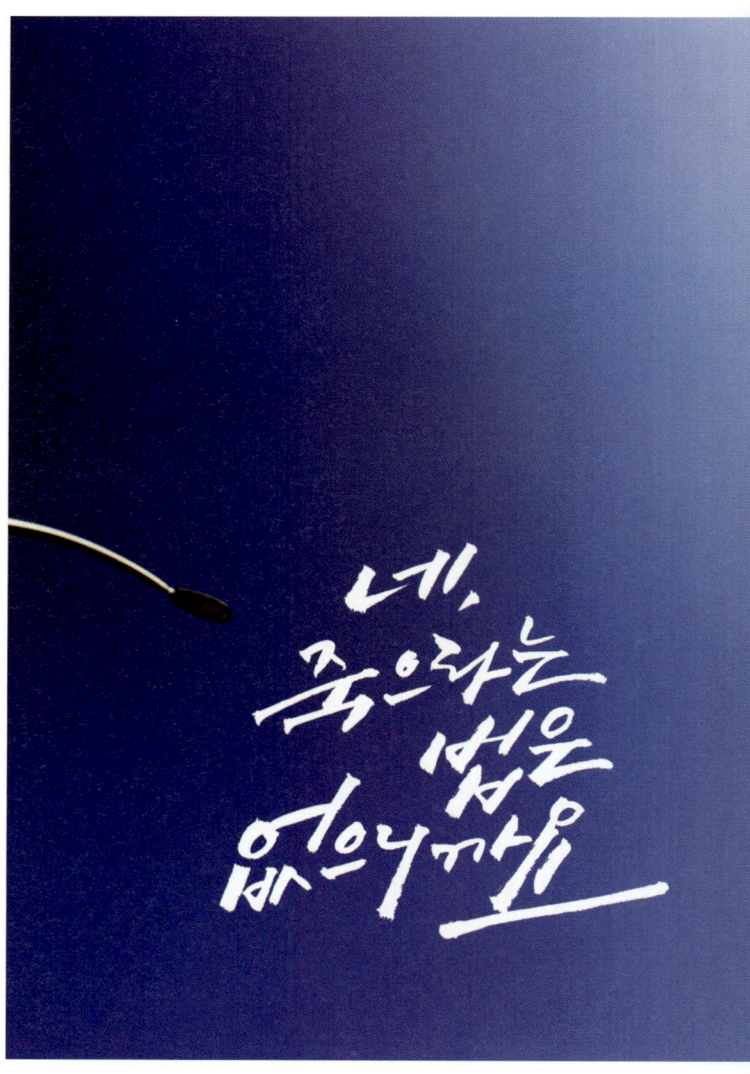

끝이라는 것은 쉽지 않다

보기 싫으면 안 보면 되고, 하기 싫으면 안 하면 되고, 맘에 안 들면 버리면 되고
어렸을 땐 이게 맞는 줄 알았던 적이 있었는데 지금 생각해보면 이건 아주 시건방진 생각이다.

어리석다. 끝이라는 것은 그렇게 쉽지 않다.

6월 3일

신경질 : 신경이 너무 예민하거나 섬약하여
사소한 일에도 자극되어 곧잘 흥분하는 성질. 또는 그런 상태.
아프고 약해서 생긴 일이었다. 신경질.

아프고 …
약해성이어
기오생긴일이ㅆ다.

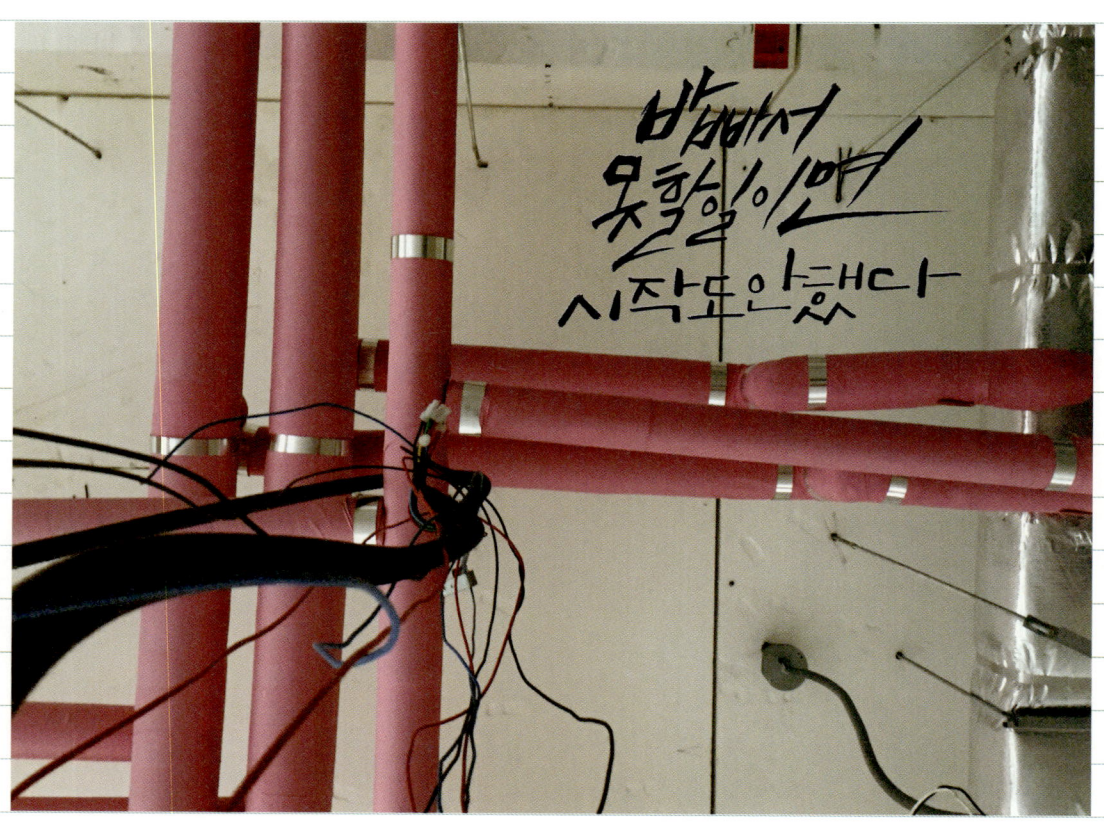

바쁜데 할 수 있겠어요?

바빠서 못할 일 같으면 시작도 안 했다.

끝 싫다
좋기싫다
참

자신의 것이 아름답다고 소리치는 사람의 소리 때문에
아름다움이 보이지 않았다.
내 것이 좋으니 좋아하라고 소리치지 마라.
듣기 싫고, 좋기 싫다.

- 외롭지 않아?
- 외로워 요즘 외로워 흑흑

- 곧 눈이 올 거라던데. 춥지 않아?
- 날씨 너무 좋아 눈은 무슨,

- 눈 온다고 술 너무 먹지 말고..
- 술 안 마신다니까~ 쳇!

결국 눈은 왔고, 새로이 손편지를 주고받는다.

꿈에도 한번 안 보이는 마이 홈.
이제 그만 집으로 돌아가고 싶다.

밀물과 썰물이 계속이어도 바다는 없어지지 않아.

나처럼
불완전한인간은
더 힘들어
견뎌

6월 13일

편리한 기능이 많이 생길 때마다
나처럼 복잡한 인간은 힘들어진다.

COLOR SLIDES

인생 참 무섭게 돌아가네. 악!

다 하려고 하지말자

사업을 하다 보면 필요한 것이 많다.

해결해야 할 것도, 새롭게 알아야 할 것도,

생각해내야 할 것도, 철두철미한 계획도 그렇다.

하지만 내가 잘 못 하거나 못 만들어내는 것까지 할 필요는 없다.

잘하는 사람들이 있을 땐 잘하는 사람에게 맡기는 것이 맞다.

다 하려고 하지 않아도 된다. 맡기고 정당한 대가를 교환하면 된다.

그래야 사회도 굴러가고 나도 굴러간다. 다 하려고 하지 말자.

그럴수있지 괜찮아

그럴 수도 있지, 괜찮아.

너만 그런 거 아니야. 나도 그랬었어.

어떤 실수나 잘못으로 힘들어 하는 누군가에게

그게 어떻든 혼자가 아니라고 말해주고 싶을 때.

살다보면
이라는 어려운 숙제

카톡카톡 카톡카톡 카톡카톡 카카 카 캬캬 캬캬 카타타토토토 토토 도도도도톡

월요일 되면 쏟아지는 카톡. 환청이겠지?ㅠㅠ

카톡을 지워버릴까 생각하지만, 결국 지우지 못한다.

이것은 때론 매우 괴롭다 결말이 해방인 셈이다.

두 집단으로 나눠 영화를 보여주고 한 집단은 결말까지 보여주고 한 집단은 보여주지 않는 실험이 있었다.

수개월 후 두 집단을 모아 영화 내용에 대해 물어보니 결말을 보지 못한 집단이 내용에 대해

더 잘 기억했다는 결과가 나왔다. 욕구가 남아있었기 때문이다.

욕구가 충족되면 그것에서 자유로워지는데 그렇지 않으면 거기서 멈추게 된다는 것이다.

흥미로운 점이다. 맞다. 나 또한 욕구가 강한 편이라 소위 '마무리'가 되지 않으면 그것에 갇혀 버리고 만다.

결말을 봐야 하는데 중간에 끊어져버리면. 기억 속에 오래 남는다.

이것은 때론 매우 괴롭다. 결말이 해방인 셈이다.

이, 그런 것

신라면에 버섯이나, 튀김우동에 튀김 같은 것.
단팥빵인데도 통팥이 들어있다는 사실이 놀라운 것.

7月

---

july

이기려 하지말고

보통은 넘는다.

나도 보통은 넘는다.
각자의 보통은 모두 넘을 수 있다.

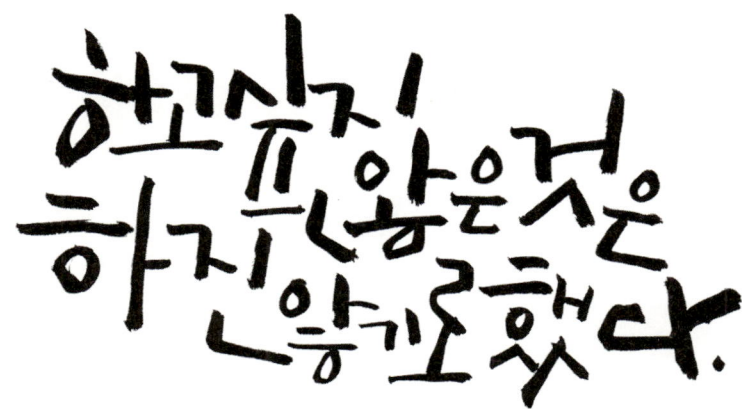

하고 싶지 않은 것은 하지 않기로 했다.

억지로는 안 하기로 했다.

우리 엄마는 안다. 내가 아직도 바보아이라는 걸.

7월 13일

때때로 엄청 많은 키를 쥐고 있지만 문이 없는 느낌이다.

문만 찾으면 문을 여는 건 시간문제인 느낌.

이마저도 다행이라 생각해야 할까.

하고 싶은 것에 대한 제한적인 시야, 그래야 포기도 한다.

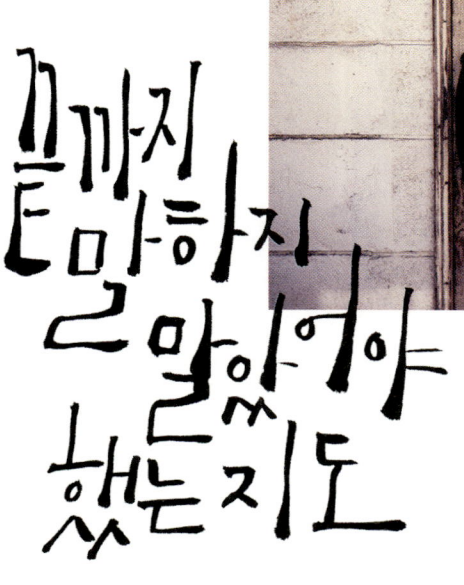

끝까지
말하지
말았어야
했는지도

모른다

그동안 말하지 않았던 일을 친구에게 털어놓은 적이 있다.
순간 친구의 어깨는 급속도로 좁아져 아파했다.
더 이상 내가 기댈 수도 안아줄 수도 없이 앙상해졌다.
끝까지 말하지 말았어야 했는지도 모른다.

나는 다른 사람들이 볼 때,

생김새 목소리 하는 짓 모두 무게감 있게 보는 경우가 많은데

가끔 얼토당토않은 푼수 짓을 하면 가까운 사람이 말했다.

"제발 서태지로 남아줘……."

제발, 시비지를 남아줘

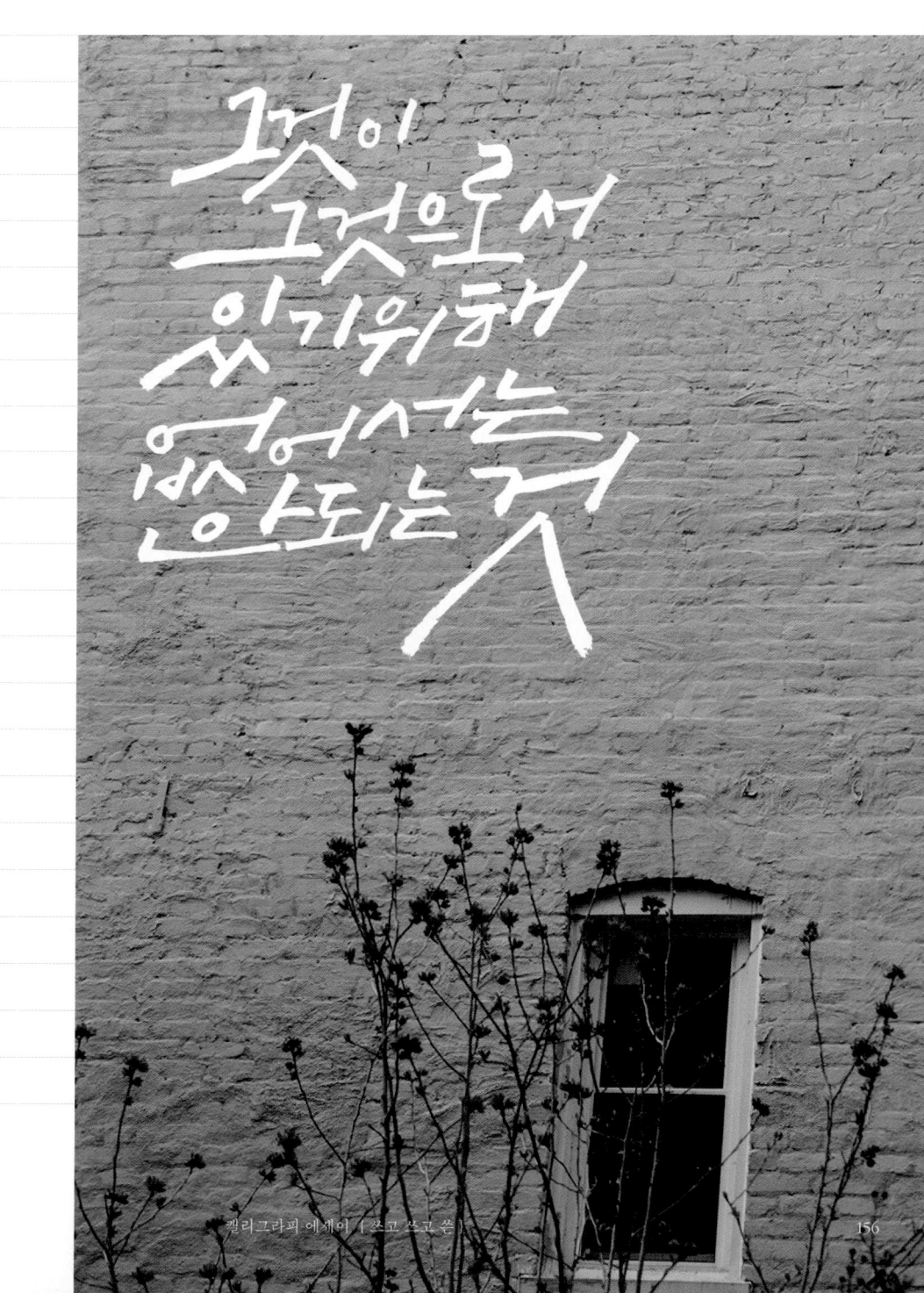

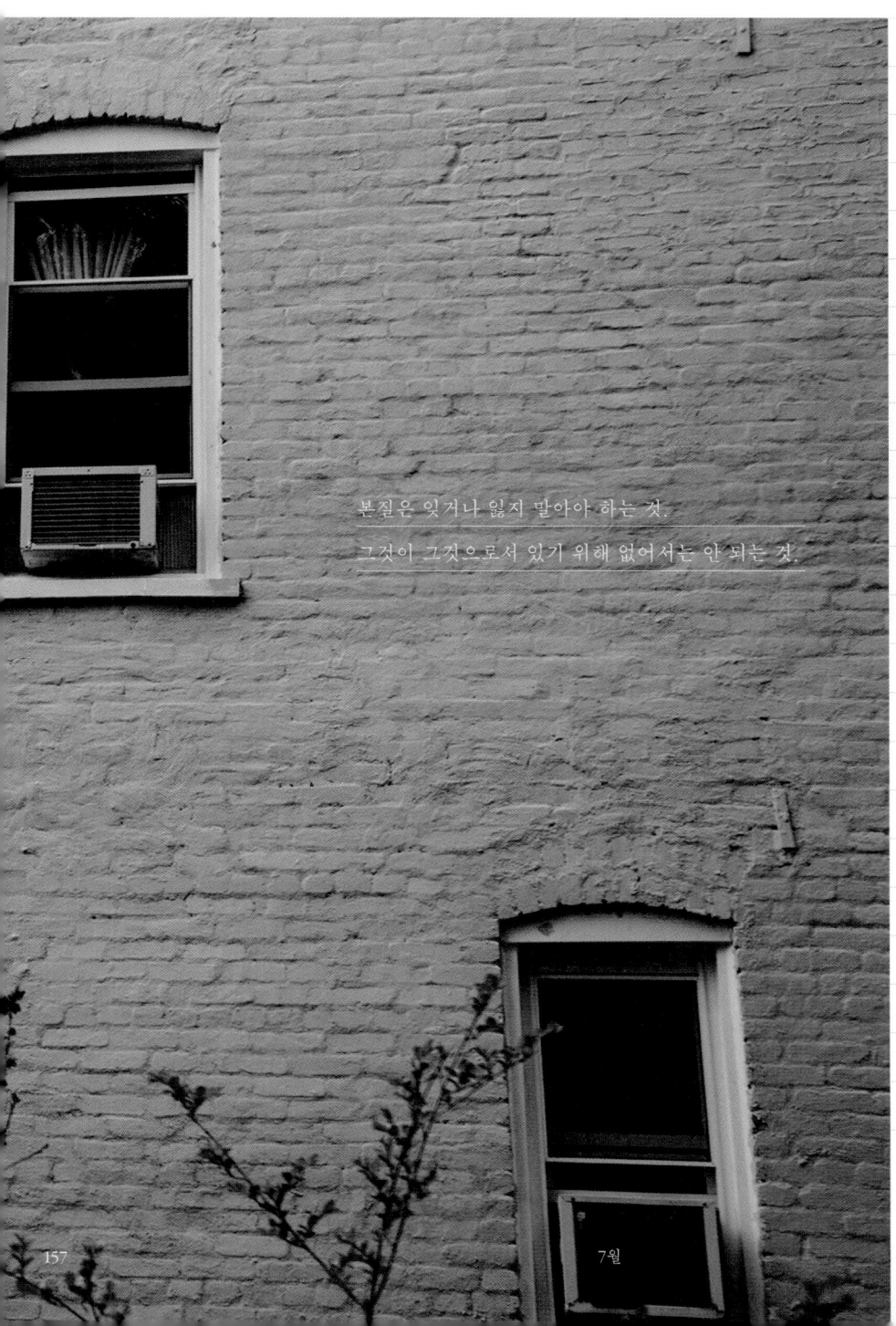

본질은 잊거나 잃지 말아야 하는 것.

그것이 그것으로서 있기 위해 없어서는 안 되는 것.

"이기려고 하지 말고"

불같은 성격을 말리지는 않는다.

다 쏟고 다 태우면 주워 담아주신다.

다행이다.

줄 거면 그냥 줘야지. 뺏긴 거 아니면.
설사, 달라고 해서 준 것일지라도.

나는 잊고 싶은 일을 스스로 잊어버릴 수 있는 망각의 힘이 있다고 믿는다.

그러나 정말 괴로운 일은 잊었다는 사실을 기억함으로써 다시금 생각나게 된다.

결국 잊었다는 사실을 기억함으로 어렵게 잊은 괴로운 일로 새겨진다.

망할, 젠장.

"나도 사람이니까"

"나도 사람이라서"

사람끼리 얘기하면서 그런

이유를 대는 건 좀 멋없지 않나.

다 사람인데.

좀… 아 멋없지않나

아니까 할수있다

무섭게 돌진하다 부딪혀 부서질 나의 그것.
아니까 할 수 있다.

캘리그라퍼 에세이 { 쓰고 쓰고 쓴 }

내 맘이야 이 새끼야

"내 마음이야, 이 새끼야"

엄청 복잡한 논쟁을 이 한마디로 종결할 때도 있다.

몰라서 못하는 거 아니다

커피는 하루에 한 잔이 좋은 거.
맥주도 소주도 막걸리도 한 잔이 좋은 거.
나도 안다.
몰라서 못하는 거 아니다.

집을 주머니에 넣고 다니다가 원하는 곳에서
펼칠 수 있거나. 순간이동이 가능하거나.
전국 방방곡곡 블록마다 내 집이 있거나.
야이씨, 힘들어 죽겠다.

불편하면 싫어하는 건가?

불편하면 싫어하는 건가…? 아닌 것으로 결론을 내렸다.

예상치 못하게 불편하다고 느끼는 것들이

내 감정선과 사고를 마구 뒤흔들었는데.

좁아터지거나 작아서 안 보이는 건 별로라 그냥 아닌 걸로 했다.

8月

august

한낮 뜨거운 더위마저 나의 에너지

놀 만큼 놀았다는 말에 동의한 적이 없는데

언제부턴가 어릴 때 놀던 방식이 모조리 재미가 없다.

이게 너무 무서웠다. 놀만큼 놀았을 리가 없는데…….

그럴 리가 없는데…….

어른이 되었으니 그래야 했다.

화를 잘 내지 않지만 굳이 화가 났을 땐.

상대를 해하려고 화냈던 경우보다 나를 보호하려고 화냈던 경우가 더 많았다.

어른이 되었으니 그래야 했다.

생각해보니까.

그건 좀 말도 안 된다.

세상 살다보면 이런 생각이 머리에 자주 떠오른다.

말도 안 되는 일이 생각보다 많더라.

먼저 갈게

먼저 갈게, 라는 인사가 붙잡고 싶지 않고, 아쉽지 않으면 왠지 마음도 줄어든 것 같아서.

미안해 할 일이 아닌데 미안하다.

고마운걸고맙다고 미안한걸미안하다고 말하게하소서

오직 나만을 위해 사는 순간이 적게 하시고,

다른 사람을 위해 사는 순간을 갖게 하시고,

하고 있는 일의 이유를 알게 하시고,

일이 행복할 수 있게 하시고,

사랑과 사람을 지키게 하시고,

아픈 만큼 성숙케 하시고,

숫자는 몰라도 단어는 알게 하시고,

고마운 걸 고맙다고, 미안한 걸 미안하다고.

진심으로 말할 수 있게 하소서.

8월 12일

해보고 하는 말이랑 안 해보고 하는 말이랑 확실히 다르다.
그러니까 해보고 말해.

8월

밥은 먹었니. 이게 얼마나 소중한 인사인지 느껴질 때가 있다.

밥은 먹었니

다시가진않겠다 했던곳에
다시가도
이젠괜찮아

다시 가지 않겠다고 다짐한 곳에 어쩔 수 없이

다시 가게 되는 일은 생각보다 많고.

생각보다 괜찮다.

그때 괜찮았던 것은 누구와 함께인가였다.

"누구"가 "어디"를 이기는 일은 생각보다 많았다.

오래지
여리지
않았으면
좋겠어

어떤 것이든.
오래 걸리지 않았으면 좋겠어.
기다리는 것을 그만두는 일은 하고 싶지 않거든.

청춘이 백발이 되도록 너를 사랑한다.

그는 언제나 괜찮다고 말한다.

내가 괜찮길 바라며 괜찮다고 말한다.

그 사람에게 잘해주고 싶다는 마음은.

그 사람이 약해서가 아니다.

소중해서다.

나는 언제부턴가 이름 모를 누군가를
모두 "선생님"이라 부른다.
버스 기사님, 행인, 은행원,
편의점 알바생 모두에게 그냥 선생님이다.
그리고 나를 방해하거나 내 앞을 막거나
내 거(물건이든 사람이든) 건드리는
누군가는 개처럼 물어뜯는다.
누군가에겐 둥글고, 누군가에겐 꼬였다.

누군가에겐
둥글고
누군가에겐
꼬였다

꽉 차있는데 위태롭다. 아슬아슬하진 않아도 아찔하다.

아무거나 주워 먹지 않아서인지 쉽게 배부르지도 않다.

요즘 내 눈빛이 좀 이상해졌지 아마.

그래, 진심은 통한다고 믿는다.
그것만은 잃지 않았어.

캘리그라피 에세이 { 쓰고 쓰고 쓴 }

너무 내일에 열심이었ㅓ

죄스럽게 느껴질 때마다

껍질이 까일 때마다 속살이 햇볕에 그을릴 때마다…. 남의 손을 탈 때마다
요즘 같은 세상. 너무 내 일에 열심인 것이 죄스럽게 느껴질 때마다.

끄트머리에 서면 항상 떨어질 것인지 날개를 펼 것인지 고민하게 된다.

하지만, 한 번도 내게 날개가 없다고 생각해본 적은 없었다.

'어떻게 해야 하지?'의 '어떻게'는 항상 내 몫이다.

되네 안 되네 탓하지 마라. 다 내 몫이다.

8월 28일

다- 내 모이다

9月

---

september

나는 그 사람을 잊지 않는다

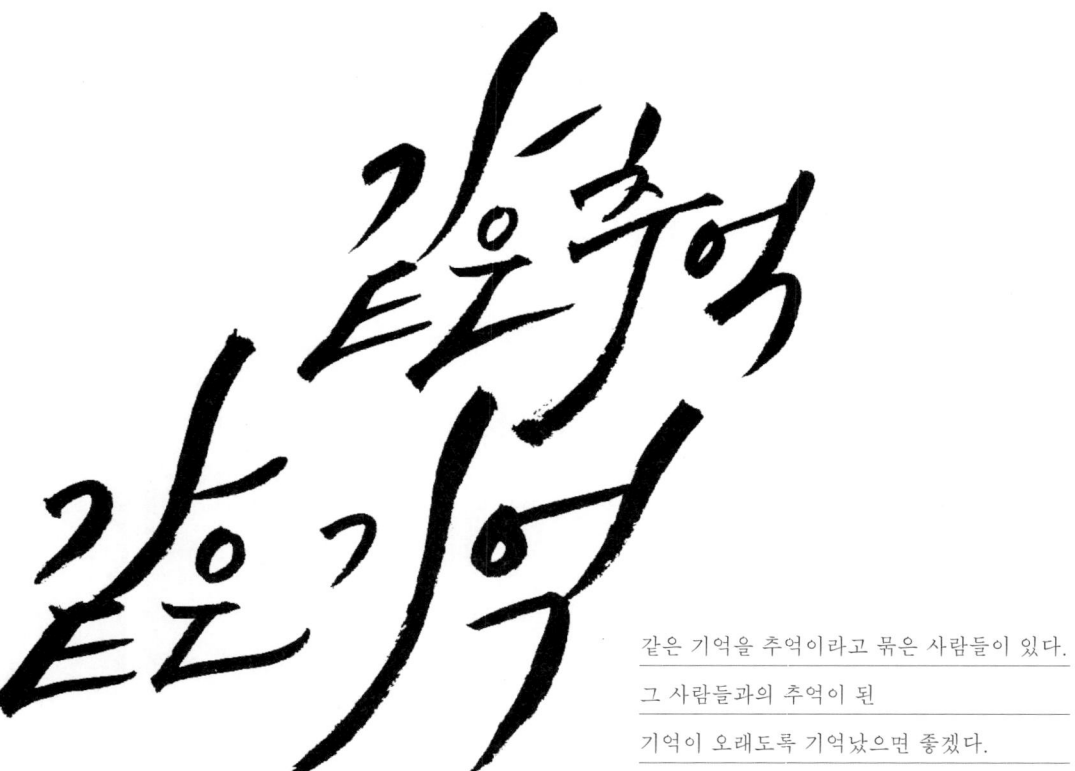

같은 기억을 추억이라고 묶은 사람들이 있다.

그 사람들과의 추억이 된

기억이 오래도록 기억났으면 좋겠다.

마음과 머리가 찢어질 듯 슬픈 순간에.

먼저 건넨 "안녕하세요" 한마디 덕분에 눈물을 닦을 수 있었다.

그 아무것도 아닌 말이 나를 살렸다.

그리고 나는 그 사람을 잊지 않는다.

나는 그 사람을 잊지 않는다

난 아무도 용서하지 않았다.

용서? 용서는 스스로를 해방하는 일이라고 했다.

그러나, 할 수 있을 때 하는 것이다.

나는 아직 용서하지 않았다.

해야만 해서 하는 것도 아니다.

모든 일이 끝이 났다지만. 난 아무도 용서하지 않았다.

사람들은 자신의 생각을 실제에 쉽게 대입하지 않는다.

모든 것을 대입한 어떤 것을 비판할 뿐이다.

마음에 들지 않는다는 소리만 잘한다.

백화점나만 사주세요

이번 생일 때 뭐 갖고 싶어? 라고 물으면.

내 대답은 몇 년째 "백화점 하나만 사주세요"다.

9월

그냥
이상한
가지일뿐

바람 잘 날 없는. 여전히 넌 그냥 앙상한 가지일 뿐.

그냥
그정도일
뿐이었어

광장히 똑똑한 줄 알았더니
그냥 좀 꼼꼼할 뿐이었어.
그런 오해를 하게 만드는 사람들이 많다.
그냥 그 정도일 뿐인데 말이야.

주변을 보니
뭔가 잘못한
것처럼

좀 그렇다—

엄마가 자꾸 결혼하기 전에 엄마랑 단둘이 꼭 해외여행을 가자고 하신다.

넌 왜 그렇게 바쁘게 사느냐고, 너만을 위해 그렇게 열심이냐고도 하신다.

바쁜 게 미덕인 줄 알고 살았다.

어쩌다 한가할 때면 불안해서 또 바쁜 일을 스스로 찾고 만들곤 했다.

엄마와의 해외여행조차도 스케줄마냥 잡아놓겠지만,

주변을 보니 뭔가 잘못한 것처럼 좀 그렇다.

앞으로 어떻게 되고 싶으냐는 말에, 나는 망설임 없이.

이제 좀 편하게 지내고 싶다고 말했다. 어떤 말도 필요 없고 그냥 머리 한번 쓰다듬어 주면 좋겠다고 생각했다.

그럴 수 없다는 걸 깨닫는 순간. 눈물이 났다.

잘하지도 못하면서 잘하는 척하면,

정말 잘하는 사람이 나타나면 들통 나는 법이에요.

잘 알지도 못하면서 아는 척해도 똑같고요.

뭐 꼭 해봐야지 않니까.

창밖을 내다보며
듣는 음악에서는
가끔 내 마음속에
있던 것들이
꺼내져 나온다

창밖을 내다보며 듣는 음악에서는,
가끔 내 마음 속에 있던 것들이 꺼내져 나온다.

9월

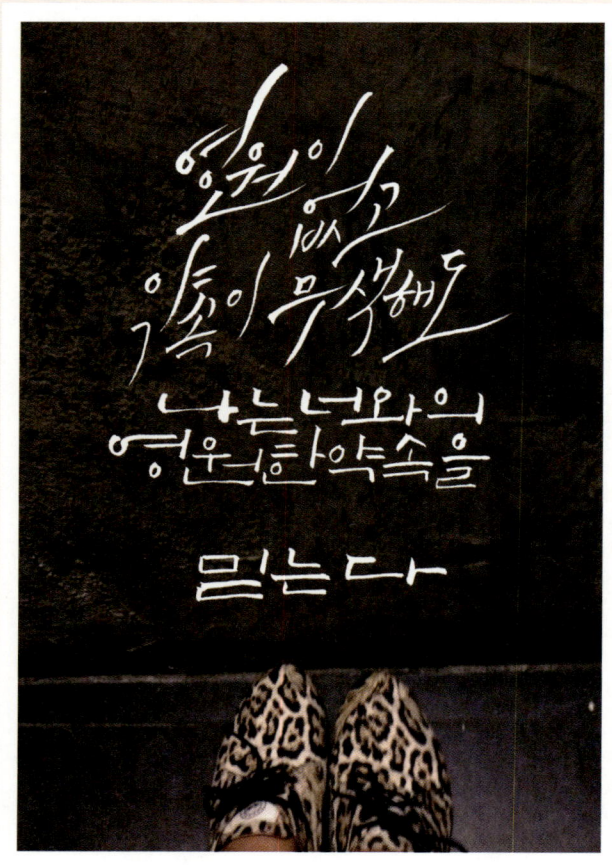

영원이 없고 약속이 무색해도 나는 너와의 영원한 약속을 믿는다.

비키라고 말했을 때 비키는 자가 많으면

나는 힘 있는 자인가.

비키라고 말했을 때 가로막는 자가 많으면

나는 힘 없는 자인가.

자유로운 바람도 몸부림은 힘겹다더라.

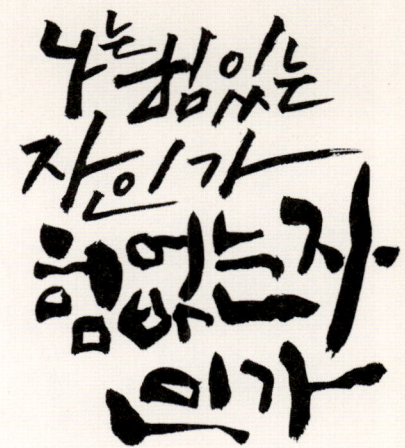

어느 땐 그 재미없고 쓸쓸했던 가시밭길도 그리울 때가 있나 보다.

지나고 보니 그렇다.

지나고 보니 그립다

가끔 극도의 과로와 스트레스로 귀가 안 들리거나

어디가 무너지듯 아프거나 할 때가 있는데,

우리 몸은 한군데만 고장 나도 제 기능을 못한다. 게다가 리셋도 안 된다.

반품도 안 된다. 재생산도 안 된다. 두 개도 없다. 오직 하나.

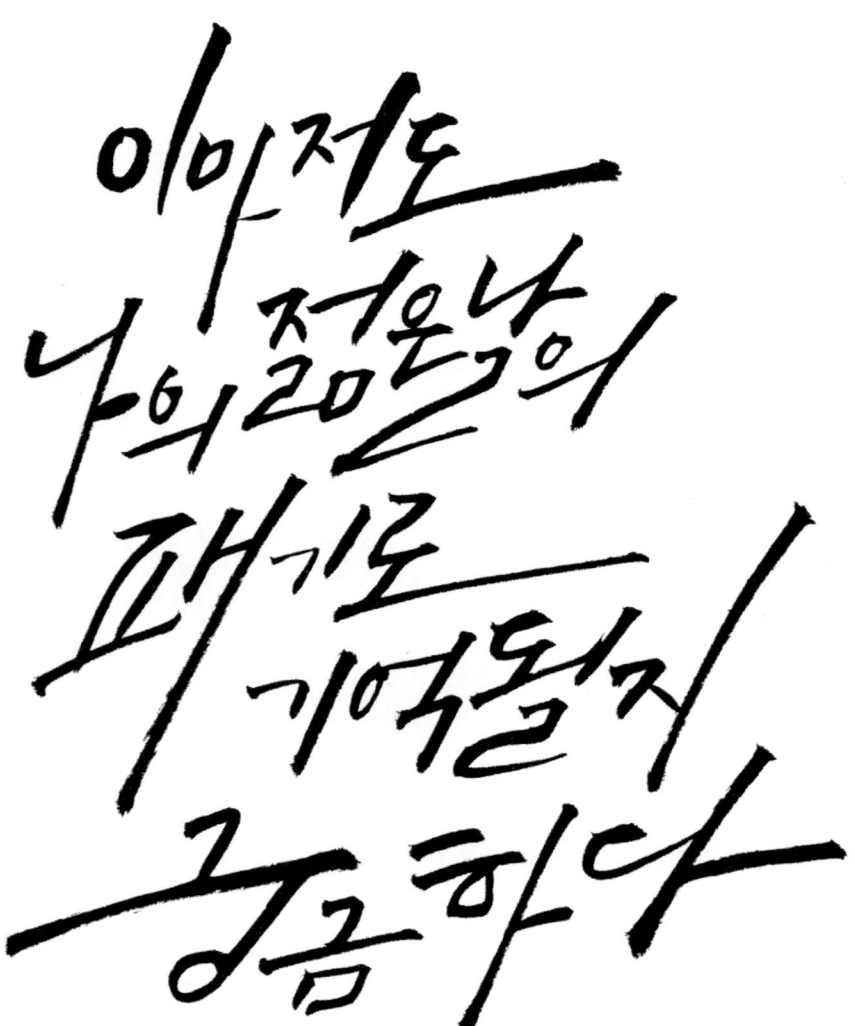

이야저도
나의 젊은날의
패기로
기억될지
궁금하다

어깨가 자주 아프다. 파스를 자주 붙였다. 덕분에 어깨가 탔다.
파스 모양의 상처가 없어지지 않고 남아버리면
이마저도 나의 젊은 날의 패기로 기억될지 궁금하다.

9월

10月

october

떠나지 않으면
만남도 없다.

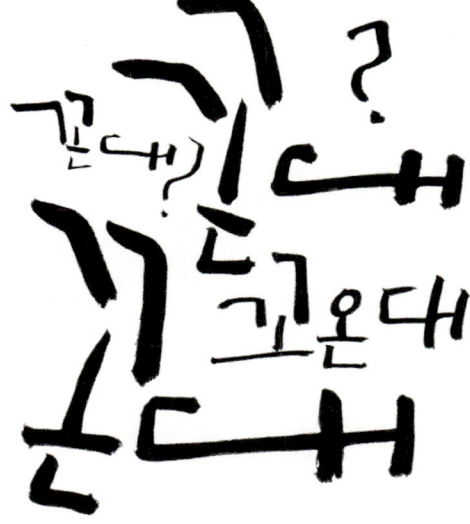

꼰대가 되었다는 말을 들은 적이 있다.

아니라고 하고 싶었지만, 사실 그게 뭔지도 모르겠고

그냥 꼰대 꼰대 꼰대… 꼬온대…. 읊조리다 말았다.

그리고 그 후로 누구에게도 꼰대라는 말을 하지 않았다.

너는 나에게

상처줄수 없다

너는 나에게 상처를 줄 수 없다.

감히 너 따위가…….

라고 생각하는 나는 약한 존재.

화가 날 때면 잠을 잔다.

잠을 자는 동안 활활 끓던 화가 면처럼 익고,

일어나면 불어있다.

그럼 먹기 싫어져서 화를 잊어버리고 눈을 돌린다.

그렇게 화는 풀리는 척을 해준다.

사람은 그냥 날씨.

좋았다 나빴다 흐렸다 맑았다 추웠다 더웠다.

그냥 날씨.

떠나지 않으면 만남도 없다. 한 가지만 바랄 순 없다. 알고 있다.

떠나지 않으면 만남도 없다.

이제는 공부를 해야겠다는 생각이 든다.

드디어 공부를 해야겠다는 생각이 든다.

비로소 공부를 해야겠다는 생각이 든다.

마침내 공부를 해야겠다는 생각이 든다.

내년엔 공부를 해야겠다는 생각이 든다.

그럼들어기엔쓰리슨쓰가이를

뜬금없이 잘 지내냐는 연락에 징징거리고 싶었지만
잘 지낸다는 대답으로 못 이긴 척 서로의 걱정을 놓게 한다.
잘 지내니 별일 없니.

걱정마라.

자연히 좋아지지 않겠느냐.

이 한마디에 모든 근심을 내려놓고

편안해질 때가 있었다.

어떻게
 해야할지 모르면
 안할 수도 있는거야

술에 취해 애교를 부리고 노래를 부를 때 나도 모르게 엄지손가락을 치켜세울 때.

한때 좋아했던 연예인 언니 오빠들이 방송에 나와 춤추는데 엇박자를 뛸 때.

그게 안쓰러워 보일 때…. 내가 나이를 먹고 있구나 싶다.

호야 고야랑
한마디만
해보고싶다

호야랑 고야랑 무슨 생각을 하는지 한마디만 나눠보고 싶다. 너무 궁금하다.

누나와 누님의 차이.
누님이라고 부르지 마.
차라리 수연아라고 불러,
님은 무슨.

나의 일은 할 수 있는 일,
해야 하는 일, 하고 싶은 일이 균형잡혀 있을 때
만족감이 최고치가 된다.
그러나 이 셋을 모두 담고 있는 일은
참 만나기 힘들다.

10월

"저 매화꽃에 물을 주거라"

퇴계 이황 선생님이 돌아가시기 전, 마지막으로 남기신 말이다.

인간적인 성숙도에 순간 고개를 숙여 눈물이 고였다.

난 네가 별로다. 여전히 별로다.

11月

---

november

시간에늘
맺고끊음이
없다했다

11월 1일

어렸을 땐 창피해서 눈물을 참았는데 어른이 돼서는 창피해서도 있겠지만,
이 정도로 울 순 없다는 건방진 태도 때문에 내 스스로를 속여 울지 못한다.
그렇게 답답하게 멈춘 것이 여러 번이다.

이제는
울지 못한다.

11월 3일

다 부숴버리겠다.

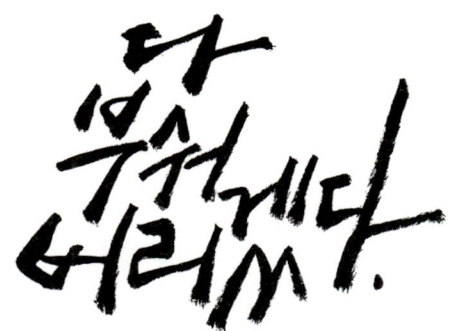

거미줄을 치려면 제대로 쳐야지.

걸리지도 않고 날갯짓으로 다 부숴버리게 생겼다, 얘.

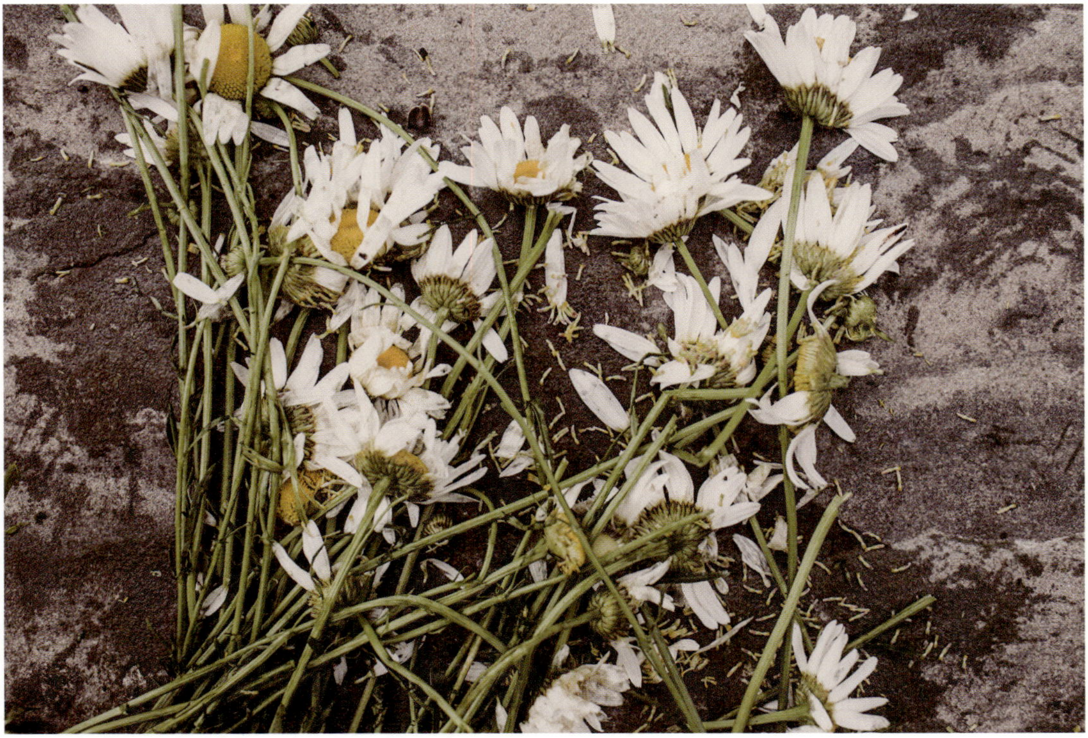

11월 7일

누군가 내 곁에 몸 누이면.

누인 몸도 눈물도 외침도 보이지 않을 만큼

큰 산이 돼야지. 커다란 산이 되어야지.

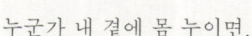

커다란
산이
되어야지

내가 왜
참아야해

- 참으라고? 내가 왜 참아야 돼.

- 널 위해 참아.

- 날 위해 참으라고? 그게 왜 날 위하는 거야.

상대는 말을 잇지 못했다.

벌건 대낮에 칼을 갈면 쇳소리도 잘 나지 않을 거다.

숨죽인다.

어쩌라고. 남이사.

이런 말이 등장하는 싸움은 싸움도 아니다.

시간에 쫓겨 시계를 보며 밥을 먹는 것.

잠이 하나도 안 오는데 내일을 위해 억지로 억지로 잠을 자는 것.

화장실 급한데 다다음역에 내리니까 지금 역에 못 내리고 참아야 하는 것.

아, 그런 것.

마음 보낼 줄 모르는 사람은 아니어야지.
마음은 놓지 말아야지.

정작 나는 나를 싫어하게 된다

젠장

사람들은 보통 자신의 이야기를 잘 들어주거나.

자신을 좋아해 주거나.

잘해주는 사람을 좋아하고 자주 만난다.

그러다 보면 누가 자신을 싫어하거나 미워하는 것을 매우 두려워하게 된다.

그 때문에 다시 좋아할 만한 행동으로 자신을 포장한다.

결국, 그런 자신이 낯설고 싫어진다.

다른 사람이 좋아하는 나를 만들려다 정작 나는 나를 싫어하게 된다. 젠장.

어렸을 때처럼 뭔가에 잘 흡수되고 휩쓸려가거나 반대로 정반대의 길로 애써 걷지 않았다. 그러니 편했다.

아침에 눈 뜨자마자 머릿속에
"분명히 내가 말했다. 각오해야 할 것이야."
언제 던질지만 결정하면 된다.

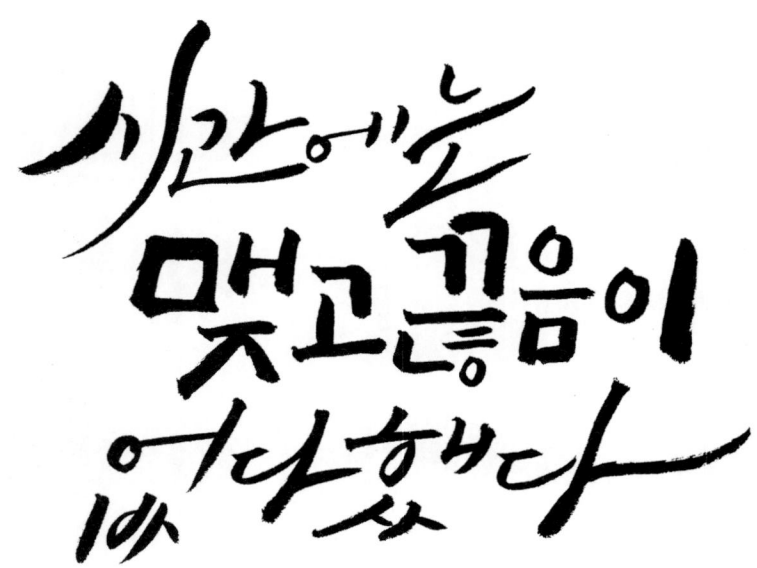

시간에는 맺고 끊음이 없다 했다.

한 해가 가는 것도, 나이를 한 살 더 먹는 것도 크게 느껴지지 않는다.

그러나 오늘은 짧고 한 달은 길며 한 해는 또 짧게 느껴진다.

이번엔 뭘 잃어줄까

하나를 얻으면 하나를 잃는 건 당연한 거야.

이번엔 뭘 잃어줄까.

11월 26일

가만히 앉아 생각해보니 나는 내 행동이나 생각에

제약을 받을 때 가장 힘들어했던 것 같다.

하고 싶은 걸, 먹고 싶은 걸, 갖고 싶은 걸 못 얻을 때.

또는 하기 싫은 걸 해야 하거나. 고통을 뛰어넘는 걸 성취라 오해하면서.

그게 사람이든 금전이든 상황이든 포기이든 생각한 대로

되지 않는 것에 미련 이상의 무언가로 고립되면서.

그래서 그 경로로써 정신적 자해를 선택한 적도 있었던 것 같고.

인정하기 싫은 일들에 둘러싸이면 합리화도 곧잘 했다.

아주 작은 구멍이라도 보이면 얼른 그 구멍을 크게 만들어

그것이 결과이고 본질인 양 자신을 위로했다.

요즘은 나를 오랜 시간 생각하게 하거나 움직이게 하는 대상이

아주 제한적인데, 몇 개 되지 않는 대신 더 깊고 편하다.

불편하지 않기 위해 자신을 보호하고 스스로 확장을 위해

영리한 일을 만들고 노력한다.

뭣 모르고 덤비거나 쓸데없이 두드려 맞지 않기 위해

나 자체를 두꺼우면서도 탄력적으로 쌓는다.

되지도 않는 질문을 던지거나 경험이란 전제로 움직이는 일이 적다.

맹목적이라 생각했던 것도 더 깊게 고찰해보면 맹목이 아니다.

왜 그걸 분석하고 찾는지는 모르겠다만

필요하니까 그렇게 하는 걸로 하자.

진짜 괴로운 일은 예고 없이 오고

최고 중요한 것은 선택이 불가능하다.

이런 사실 참 무섭지. 어흥.

진짜 괴로운 일을 겪고 싶어오고 최고 중요한것은 선택이 불가하다.

꽃이 이토록
예뻐 보이는 건
나뿐일까

요즘은 나의 삶 안에서 영화 같은 장면이 자주 등장하는데,

이것 또한 그렇다.

꽃이 이렇게 숙연해지도록 예뻐 보이는 건, 나뿐일까……

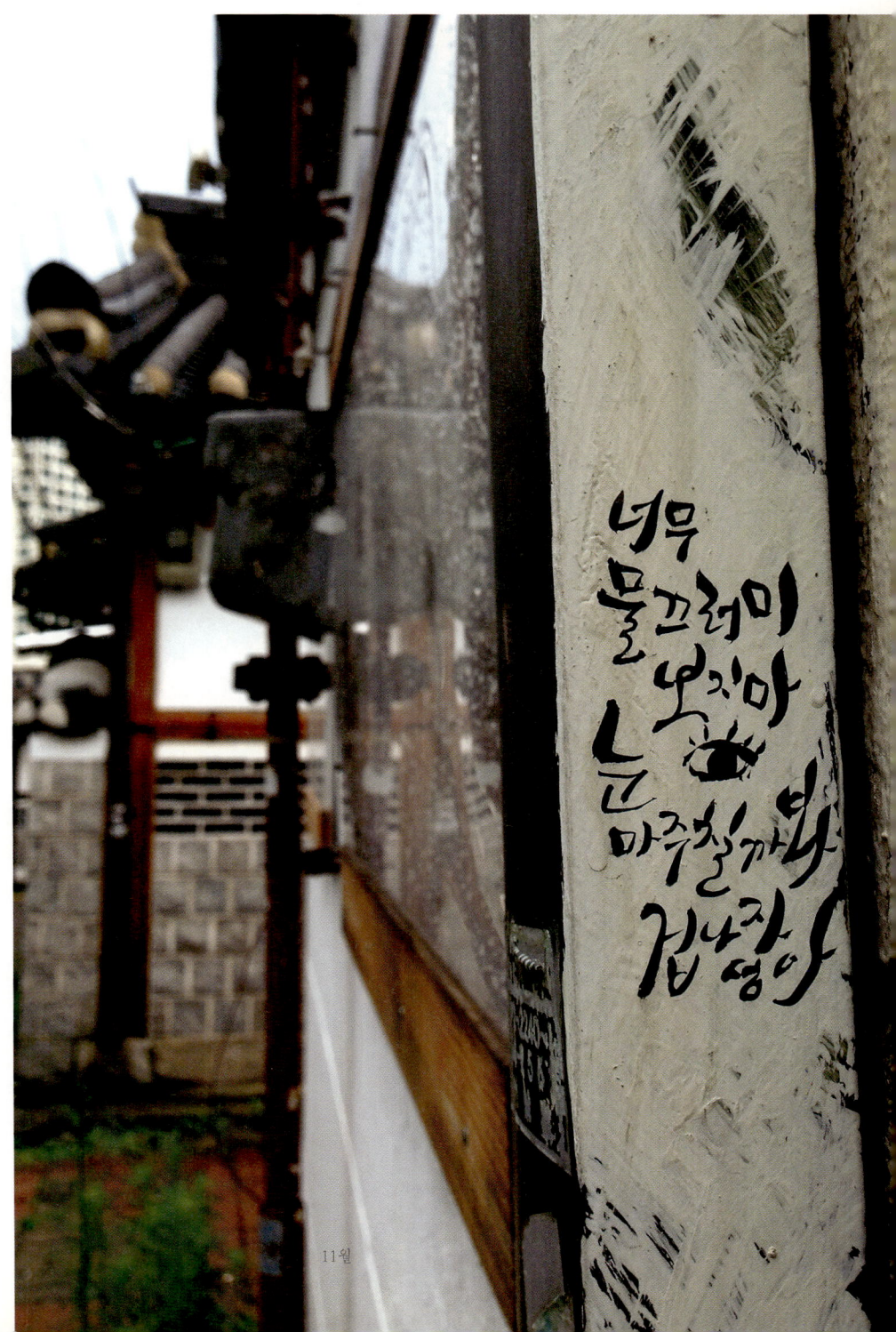

11월

언제부터가 그렇게 됐다

시간을 다루는 기술이 고급화되어 스케줄이 많아도

그렇게 시간에 절절매지 않는다.

해야 할 일들이 조금씩 정리되며 제자리로 안정을 찾고

무조건적인 모험은 때때로 사양한다.

하는 것만이 하는 것의 이유이며 전부인 시선과 시점은 끝이 났다.

언제부터가 그렇게 됐다.

12月

december

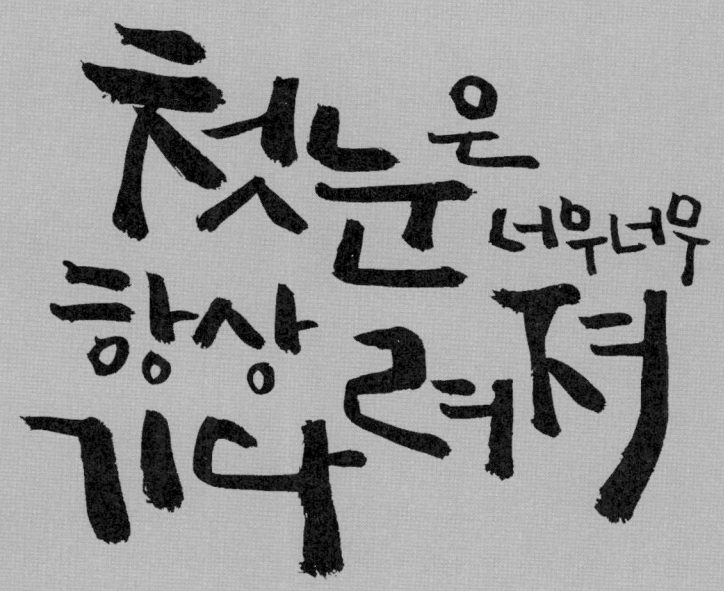

안 춥더니 춥다

"안 춥더니 춥다" 한겨울 혼자 중얼거리던 이 말이 너무 슬펐다.

12월

모른척하면 안될일이 ... 있어

모른척하면 안 될 일이 있다.

어쩔 수 없다는 사이즈 큰 핑계로 나는 또 모른척하는

나를 모른척하고 자리에서 일어난다.

첫눈이 또 오면 그때 생각하자. 그때 생각해도 올해가 다 가진 않았을 거야.

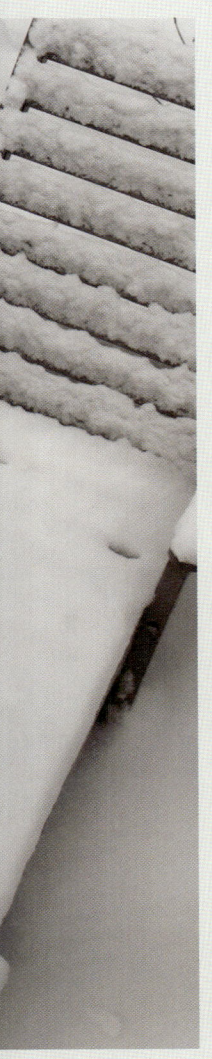

하고 싶은 걸 하고 싶다고 말하지 못 하는 순간이 있었다.

나쁜 걸 보고도 못 본 체 하는 게 외로운 순간도 있었다.

좋아 보이는 걸 따라 하거나 훔쳐 놓고도 원래 내 것인 양 만족하며 곁눈질하는 순간,

지나고 보면 안이 텅 빈 걸 보고 좋은 게 아니었구나

소름 끼치게 뒷걸음치던 순간도 있었겠다.

가만히 누워 천장을 보면 내려앉지 않고 버티는 시멘트의 냉혈이 보이니,

밤하늘을 보고 누워야 좀 나으려나.

어차피 달님은 마음에 들지 않는다고 발길질을 해대도 신경도 쓰지 않을 테니……

12월 7일

아니다
틀렸다

많은 사람이 내게 말한다.
너는 강한 사람인 것 같지만, 알고 보면 약하고 여린 사람이다.
무슨 의미의 말인지 잘 안다. 그러나,
아니다. 틀렸다.

때때로 밤하늘을 보면.

달보다 가로등이 더 밝아 슬플 때가 있다.

다음 해의 목표는 '편안하게 지내고 싶다'이다.

극복이라는 포인트를 죄 없애버리고 힘이 들거나 복잡할 것 같으면 아예 손도 대지 않기로 했다.

할 수 있는 일을 하고 싶은 만큼 냉정히 골라서 즐길 수 있도록 했고,

적당히 즐기고 나서도 힘이 들었다면 그것마저도 하고 싶은 것에 포함하기로 했다.

일과 사람의 논리도 거의 비슷하다.

상황이 사람을 만든다는 말에 변함없이 동의한다.

그러나 상황을 선택하고 통제할 수 있는 건 물론 나 스스로 만들 수 있다고 믿는다.

통제는 장막을 치거나 칼을 들어 하지 말라 하는 것이 아니라 윤곽선을 잡아주고

선택하게 하는 정도로만 하여 그것이 자연스럽다고 착각하고 살 수 있을 정도가 좋다고 생각한다.

어쩔 수 없으니까, 이 방법밖에 없으니까, 라는 말에 끌려다니게 되어 멋도 없고 뭣도 없는 건 싫으니까.

눈 뜨자마자 '편안해지고 싶다'를 다시 외웠다.

이제그만 편안하고 싶다.

얼마나더
두드려야하나
얼마나
두꺼워야
하나

나만 참으면 된다고 했다. 나만.

그러면 모든 게 문제없이 흘러간다고 했다.

참기만 하면 된다지만, 참는 게 얼마나 힘든데.

얼마나 더 두드려야 하나. 얼마나 더 두꺼워야 하나.

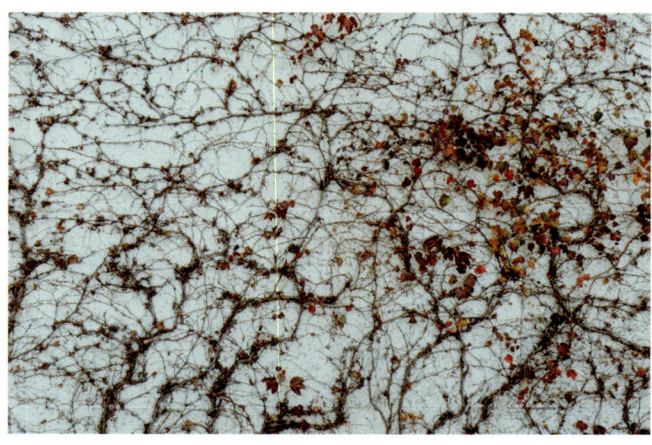

꽁냥꽁냥 귀찮은 일이 많아지면,
대붕의 뜻을 잡새가 알겠느냐 하며 피식 웃어주고 만다.

대붕의 뜻을
잡새가 알겠느냐

네,
내일을 위해
순간을 포기하는건
어리석은 짓
이라고
생각합니다

12월

말이통한다는건
실엄청난거지

이런 고통까지 주십니까

아무리 그래도 하느님.

저를 얼마나 대단하게 빚으셨길래.

이런 고통까지 주십니까. 라며 하늘에 대고 목놓아 울어본 적이 있다.

눈 부릅떠도 꼭 감아버려도 결국 별일 아니다.

흔들려도 떠밀려 가진 않을 테니. 괜찮다.

길을 걷는데, 어느 어르신이 노래를 흥얼거리신다.

"난… 참… 바보처럼 살았군요……. 난… 참……."

하필 가시는 방향이 나와 같아서 노래를 다 부르고 나서의 너털웃음까지 듣게 됐다.

끝까지 뒤를 돌아보지 못했지만, 하마터면 길에서 엉엉 울 뻔했다.

세불지로아야
겠다는 생각을
많이합니다.

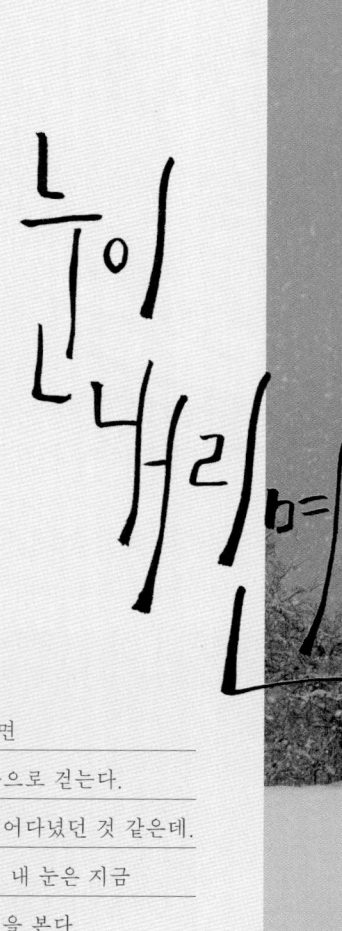

눈이 내리면

언제부턴가 눈이 내리면

우산을 쓰고 종종 걸음으로 걷는다.

분명 눈이 반갑다고 뛰어다녔던 것 같은데.

하얀 눈을 보던 예전의 내 눈은 지금

넘어지지 않기 위해 길을 본다.

12월

올해의 마지막 날이다.

정말 아슬아슬한 한 해였다.

아슬아슬 쓰러지려 하는 걸 억지로 억지로 붙잡거나 온 힘을 다해 버텼고,

아슬아슬해서 넘어지려 하는 걸 모르는 척 넘어뜨려버리고 아쉬워하지도 말라고 다그쳤다.

순간순간 절대로 포기하면 안 된다고 다짐한 것을 지키느라 애썼고,

못 할 것만 같던 일들도 꾸역꾸역 해냈다.

아슬아슬한 것들로 꽉 찬 한 해였지만

후회는 없어서인지 빨리 지나가버렸으면 좋겠다.

마지막 날은 꼭 삼시 세끼를 아주 맛있는 것으로 다 챙겨먹기로 했고

새해 첫날 신을 새 신도 미리 사 놓았다.

후회 없다.

스스로에게 애썼다고 말해줄 수 있을 만큼 후회 없다.

나의 이야기를 나의 표현으로 순간순간 기록하는 일은 내게 언제나 있던 일이다.

순간의 감정과 순간의 생각을 기억하기 위해 기록하고,

그 기억이 다시금 나에게 전하는 메시지는 다시 한번 생각할 기회를 주거나,

그렇다 믿을 수 있는 위로가 되었다.

누군가에게 글로써, 또는 글씨로써, 나의 생각과 감정을 전달하는 일은

공감해주었으면 하는 기대를 넘어서 두려움이기도 했다.

누구에게나 일어날 수 있는 일, 누구에게나 떠오를 수 있는 생각이지만, 우리네 다양한 감정이 섞여있길 바랐다.

그것이 사랑이기도 고마움이기도 질책이기도 넋두리이기도 바랐다.

더불어, 글씨에 담은 감정은 말로 하거나 글로 할 수 없는 또 하나의 표현이 되어주었다.

글과 글씨로, 많은 분들에게 더 가까이 더 짙게 다가가길 바랐다. 항상 따뜻할 수는 없다. 항상 행복할 수도 없다.

그러나 나는 이 매 순간의 나의 모든 감정이 소중하고, 중요하다.

오랜 시간이 지난 후에, 나의 삶의 햇수가 더 많아졌을 때, 이 책이 어떤 느낌으로 다가올지

매우 궁금하기도 하다. 이 책 또한 하나의 기록이 된 셈이다.

매 순간의 일기를 공개하며……

이 틈을 빌어, 언제나 위로가 되어주고, 생각할 기회가 되어주었던

이승환 님의 노래 전곡에 감사의 뜻을 전하고 싶다.

그리고 나와 마주친 모든 사람, 멀리서 생각할 기회를 준 모든 순간, 아무에게도 하지 못한 말을

터놓고 이야기할 수 있었던 우리 사랑하는 고양이 호야와 고야에게도 고맙다는 뜻을 전한다.

& 길고 긴 시간 날 위해 어깨를 내어준 U.June Thank you :)

삶도 사람도 생각도 변한다. 때문에, 더 기록해 놓고 싶기도 했다.

잿빛의 나의 일기장, 이 책을 마주하는 모든 이에게 잠시 끄덕이거나 갸우뚱거릴 작은 조각이 되길 바란다.

허 수 연

1月 january

2月 february

3月 march

4月 april

5月 may

6月 june

7月 july

8月 august

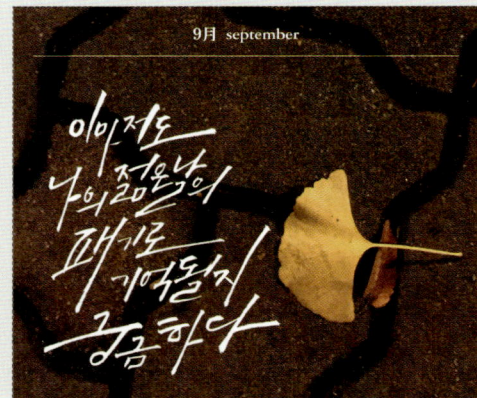

9月 september

10月 october

11月 november

12月 december

쓰고쓰고쓴 허수연의 캘리그라피 에세이

1판 1쇄 인쇄 2016년 02월 15일
1판 1쇄 발행 2016년 02월 20일

지 은 이 허수연
발 행 인 이미옥
발 행 처 아이생각
정   가 18,000원
등 록 일 2003년 3월 10일
등록번호 220-90-18139
주   소 (04987) 서울 광진구 능동로 32길 159
전화번호 (02) 447-3157~8
팩스번호 (02) 447-3159

ISBN 978-89-97466-22-1 (13000)
l-16-02